吉林财经大学资助出版

本书为国家哲学社会科学研究规划项目
"国家农村金融综合改革试验区的农地金融风险形成、测度及控制"
（编号：17BGL129）成果之一

李 可 著

农村土地经营权抵押贷款
运行效果研究

以 吉 林 省 为 例

STUDY ON THE OPERATION EFFECT OF
MORTGAGE LOAN FOR RURAL LAND MANAGEMENT RIGHT

TAKE JILIN PROVINCE AS AN EXAMPLE

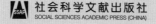

社会科学文献出版社
SOCIAL SCIENCES ACADEMIC PRESS (CHINA)

本书以吉林省农村土地经营权抵押贷款业务为研究对象,以业务运行效果为研究重点,在相关理论基础上构建理论分析框架。在对吉林省农村土地经营权抵押贷款运行现状及问题进行分析的基础上,利用实地调研数据,分别从需求侧和供给侧参与主体的视角出发,开展吉林省农村土地经营权抵押贷款运行效果的实证研究,对影响运行效果的因素进行对比分析。在考虑不同参与主体相互作用的基础上,从利益互动角度出发,总结提出提升吉林省农村土地经营权抵押贷款运行效果的建议与措施。本书的结论可以概括为以下两个方面。

首先,从需求侧运行效果来看,农户对农村土地经营权抵押贷款业务有着较高的满意度,但业务的实际运行效果仍与农户预期存在一定差距。其中,梅河口市农户对农村土地经营权抵押贷款业务的满意度要高于榆树市。抵押贷款流程、抵押贷款政策了解程度、参与抵押贷款意愿、抵押贷款资金满足程度是影响两个地区农户满意度的共同因素。从影响因素的差异来看,土地经营规模、金融机构服务满意度对榆树市农户满意度的影响要大于梅河口市,即土地经营规模越大,对金融机构服务的满意度越高,榆树市农户对抵押贷款业务的满意度越高。

农村土地经营权抵押贷款对农户增收具有一定促进作用,但对农户福利水平的提升效果并不显著。整体而言,抵押贷款业务对榆树市农户增收的促进作用要大于梅河口市;具体而言,抵押贷款业务对榆树市农户的家庭年收入、家庭农业收入具有较大影响,而对梅河口市农户的家庭非农收入影响较大。

其次,从供给侧运行效果来看,2016~2017年榆树市金融机构的综合效率、规模效率有小幅下降,纯技术效率有小幅增长,大部分金融机构运营网点并未达到有效状态,且有效状态下的运营网点呈减少趋势。梅河口市金融机构的综合效率、纯技术效率和规模效率均有小幅增长,各金融机构运营网点的综合效率相对较高,银行客户经理参与抵押贷款业务的积极性相对较高,但大部分运营网点并未达到有效状态。从

前　言

目前，我国正处在传统农业向现代农业转型的关键时期，随着农业产业结构的不断调整和农业现代化进程的不断加快，农业经营主体对生产经营过程中的资金需求越发强烈。为促进农村经济发展，我国开展了一系列农村金融制度改革，形成了农村土地经营权抵押贷款等创新型的金融产品。随着农村土地产权制度改革的不断深化，利用农村土地财产属性进行贷款的方式逐渐被金融机构接受和推广，"三权分置"制度的出台，为进一步推动农村土地经营权抵押贷款发展提供了法律基础。我国农村土地经营权抵押贷款试点工作的逐步开展，为有效解决"三农"问题提供了新的路径。作为农业大省的吉林省的农村金融领域的试点工作一直走在全国前列，在全国农村土地产权制度改革的背景下，吉林省在农村土地市场化建设及农村土地经营权抵押贷款方面进行了一系列有益的尝试与探索，制定了相关政策措施。随着农村土地经营权抵押贷款试点在全省范围的推广，在有效缓解农户融资难、实现农业规模经营和效益增长的同时，也面临着政策实施预期效果不理想、抵押贷款业务量锐减、农户贷款使用情况不乐观等诸多问题。因此，如何从现实问题中提炼出科学问题，有效评价吉林省农村土地经营权抵押贷款试点的运行效果，合理优化农村土地经营权抵押贷款的发展路径，需要展开进一步的研究。

影响因素来看，农村土地经营权抵押贷款占比对抵押贷款业务具有显著的正向影响，不良贷款率具有显著的负向影响。对于榆树市而言，贷款额占比、农业人口密度对金融机构规模效率的影响较大，农业产值占比对金融机构综合效率、纯技术效率的影响较大。对于梅河口市而言，贷款额占比对金融机构综合效率的影响较大，农业产值占比对金融机构纯技术效率的影响较大。

银行客户经理对办理农村土地经营权抵押贷款业务表现出较高的积极性，普遍认为农村土地经营权抵押贷款业务具有较好的发展前景，对业务有着较高的满意度。其中，榆树市银行客户经理的满意度略高于梅河口市。抵押土地特征、金融机构及业务特征、地方金融环境特征是影响银行客户经理满意度的重要因素。相对而言，抵押贷款办理手续复杂程度、风险评估机构与体系健全程度、抵押贷款业务前景、抵押贷款业务量、法律法规健全程度对榆树市银行客户经理的满意度具有显著影响，而土地估值难易程度、风险评估机构与体系健全程度、担保体系健全程度、地方政府扶持政策、抵押贷款业务量、处置抵押土地的收益弥补违约贷款本息的程度、抵押贷款办理手续复杂程度、市场竞争压力对梅河口市银行客户经理满意度的影响较为显著。

在分析结果基础上，本书提出了提升吉林省农村土地经营权抵押贷款运行效果的政策建议与措施。具体包括：完善农村土地经营权抵押贷款的相关法律法规；加快农村土地流转并构建土地经营权交易平台；以供给侧改革不断提高农户参与度和满意度；加大监管力度，引导农村金融市场良性发展；健全农村土地经营权抵押贷款风险补偿和社会保障机制。

本书的创新之处主要体现在以下几个方面。

首先，研究视角与内容的创新。

本书从需求侧、供给侧参与主体的角度对吉林省农村土地经营权抵押贷款运行效果及影响因素进行综合分析，研究角度更加系统、全面，具有一定的前沿性和实用性。在实地调查与统计分析的基础上，将农户满意度、农户福利变化作为农村土地经营权抵押贷款需求侧运行效果的特征指标，将金融机构业务效率、客户经理业务评价作为农村土地经营权抵押贷款供给侧运行效果的表征指标，研究内容更加科学、全面。

其次，研究方法的创新。

本书采用有序 Probit 模型、Tobit 回归模型、DEA 模型等多种模型，利用定量分析方法对农户满意度、农户家庭收入变化、金融机构业务运行效率和银行客户经理满意度进行实证分析。

基于多元回归思想的有序 Probit 模型在分析有序多分类变量时十分有效。本书将农户的满意度划分为非常不满意、不满意、一般、满意、非常满意 5 个层次，综合考虑农户个体异质性特征及其他可能影响农户对农村土地经营权抵押贷款是否满意的因素，得到规律性的结果。综合农户个体特征、机构特征、贷款特征及参与特征四个维度的因素，有利于直观测度影响农户满意度的因素，进而提出有针对性的建议。

在调查样本数据中，存在较多农村土地经营权抵押贷款金额数据、家庭收入统计数据为零的情况，利用 Tobit 回归模型最大似然估计的一致性可以避免含有截尾数据的模型参数产生偏差。

DEA 模型可以利用线性规划的方法将多项投入指标和产出指标在同类型单位中进行相对有效性的评价，是生产领域效率测算的普遍方法，但鲜有文献将这一方法用于信贷工具运行效率的测算中。本书从金融机构的投入和产出角度出发，运用 DEA 模型测算开展农村土地经营权抵押贷款业务的金融机构的综合效率、纯技术效率及规模效率，以客观评价农村土地经营权抵押贷款出台后为金融机构运行绩效带来的是效率上的贡献还是损失。在此基础上，运用 Tobit 回归模型分析对效率产生影响的各因素的规律性特征，从而提出相应的建议。

综上可见，相比既往研究，本书的逻辑与方法更契合农村土地经营权抵押贷款开展的实际，能更好地解决数据或运行中造成的问题，从而得到更为客观、科学的结论。

目　录

第一章

绪　论

第一节　选题背景与问题的提出

近年来，我国农村地区普遍存在生产力低下、与城市地区差距较大等突出问题，农村经济发展仍面临着巨大挑战。庞大的农业人口规模、薄弱的农业基础设施建设，使得农业成为影响我国发展的"洼地"。在我国农业的发展过程中，离不开农村金融的大力支持。虽然近年来国家财政不断加大对农村金融的支持力度，但仍然无法满足农村地区日益增长的发展需要。为了弥补农业生产中的资金缺口，农户开始寻求向金融机构借款等解决途径。由于农村金融市场基础薄弱、农户融资手段缺乏，金融机构在考虑农户信用贷款违约风险的基础上，更倾向于以抵押等方式向农户发放贷款，而由于农户缺乏抵押物，因此向金融机构的贷款申请较难通过。农户贷款难的问题已成为影响农业现代化、规模化以及农民增收的重要因素。

当前，国民经济发展步入新常态，同时我国的农村经济也得到了快速发展。在传统农业向现代农业转型发展的关键时期，我国的农业产业机构也在不断地优化和调整，农业正朝着现代化和规模化的方向快速发展。作为农业生产过程中的主要投资主体，农户对资金的需求逐渐由以往的小额消费贷开始转向以农业现代化、规模化生产性需要为主，因此，农户对资金的需求越发强烈。在此背景下，为了缓解农户融资难的问题，我国从 2003 年开始在农户贷款方面做出尝试，如建设新型农村金融机构、开发创新型的金融产品。2008 年 10 月，中国人民银行和银监会下发《关于加快推进农村金融产品和服务方式创新的意见》（以下简称《意见》），明确提出要创新贷款担保方式、扩大担保品范围，对农户难以提供有效担保品问题进行了一定程度的解决方案创新，其中农村土地抵押贷款就是一项较大的创新。《意见》的出台，既为农村土地产权的改革提供了一条新的思路，又加快了农村金融产品的创新步伐。农村土地抵押贷款试点的逐步开展，使得农村土地抵押贷款这种新的金融贷款方式逐渐被金融机构接受和推广。

随着农村经济改革的不断深入，我国的农村土地产权制度逐渐被引入市场化体系中，农村土地经营权的财产属性也逐渐被重视和利用起来。为此，党和政府出台了一系列政策措施。自 2008 年以来，国家连续出台了多个"一号文件"，提出多项农村土地产权制度，诸如"稳定农村土地的承包关系""建立健全农村土地承包经营权的流转市场""创新发展符合农村的抵押担保方式及金融工具"，一系列措施的出台，显示出国家对"三农"问题以及对农村土地产权制度改革的重视，也表明农村问题已成为党和国家亟须解决的重要问题。2013 年，党的十八届三中全会审议通过了《中共中央关于全面深化改革若干重大问题的决定》，做出了全面深化农村改革的重大战略部署，明确提出加快构建新型农业经营体系，进一步赋予农民对承包土地的占有权、使用权、收益权，以及土地流转、土地承包经营权抵押担保等权利，使广大农民拥有所承包土地的长期、安全的财产权利。2014 年，国务院颁发《关于引导农村土地承包经营权有序流转发展农业适度规模经营的意见》，指出要实行农村土地的所有权、承包权、经营权"三权分置"制度，同时提出要稳步推进土地经营权抵押担保试点工作，通过对统一规范实施办法的研究，积极探索并建立农村土地经营权抵押贷款资产处置机制。2015 年 8 月 24 日，国务院下发《关于开展农村承包土地的经营权和农民住房财产权抵押贷款试点的指导意见》（国发〔2015〕45 号），提出"为进一步深化农村金融改革创新，加大对'三农'的金融支持力度，引导农村土地经营权有序流转，慎重稳妥推进农民住房财产权抵押、担保、转让试点，做好农村承包土地（指耕地）的经营权和农民住房财产权（以下统称'两权'）抵押贷款试点工作"。2015 年 11 月 2 日，中共中央办公厅、国务院办公厅印发《深化农村改革综合性实施方案》，再次明确提出稳妥开展农村承包土地的经营权和农民住房财产权抵押贷款试点。2016 年，中国人民银行联合多部门共同印发了《农村承包土地的经营权抵押贷款试点暂行办法》，对在全国进一步开展农村土地经营权抵押贷款的试点工作做出了明确指示。2017 年中央"一号文件"再次强调了要通过加快农村金融制度改革，不断深化农村土地经营权和农民住房财产抵押贷款试点工作。2018 年"一号文件"明确我国需要进一步深化农村土地制度改革，指出要落实农村土地承包关系稳定并长久不变政策，完善农村承包土地"三权分置"制度，农户可以依法将农村土地经营权以担保、入股等形式向金融机构进行融资贷款，进而从事农业产业化经营。

不难看出，从刚开始的农村土地确权登记，到农村土地"三权分置"制度的实施，再到后来农村土地"两权"抵押贷款以及相关产权保护政策的出台，一直以来，我国的农村土地制度改革是沿着明晰产权以推动资本化的思路稳步推进。因此，农村土地经营权抵押贷款不仅是提高农村生产力的客观需要，同时是现代农业经济与农村金融逐步走向市场化的必然结果。

近年来，吉林省一直高度重视农村的土地产权问题，同时在农村金融领域的试点工作也一直走在全国前列。在国家有关农村土地产权制度的要求下，吉林省在相关试点工作中始终与中央保持同步，并在农村土地确权颁证、农村土地流转、农村土地承包经营权抵押贷款以及农村土地市场化建设等方面进行了一系列有益的尝试与探索。为做好农村土地经营权抵押贷款试点工作,吉林省制定并下发了《农村土地经营权证明办理流程(试行)》、《农村土地经营权抵押登记流程(试行)》和《农村土地经营权区片流转指导价格公布办法(试行)》等相关配套文件。从 2014 年吉林省实施农村土地经营权抵押贷款试点工作以来,吉林省农村土地经营权抵押贷款工作已在全省展开,在破解农户融资难题、实现农业规模经营和效益快速增长的同时,也面临着政策实施预期效果不理想、部分地区贷款业务量锐减、农民对贷款使用情况不乐观等诸多问题。基于此,为了进一步完善并推广吉林省的农村土地经营权抵押贷款业务,需要从吉林省农村土地经营权抵押贷款的现实问题中提炼出科学问题,对吉林省农村土地经营权抵押贷款的运行效果及影响因素进行多层次、全方位的分析,进而总结试点地区的经验与不足。通过对吉林省农村土地经营权抵押融资的顶层设计,为抵押贷款业务的推广提供经验借鉴,进而推动吉林省农村经济朝着更加健康的方向发展。

第二节　选题意义

通过实施农村土地经营权抵押贷款等农村金融政策,可以在很大程度上提高农村土地资源的利用效率,促进农业的现代化发展。在国家推动农村土地流转、吉林省积极开展农村金融综合改革的背景下,开展有代表性的农村土地经营权抵押贷款试点地区运行效果评价研究,正是对开展农村土地产权制度创新、积极发展农村经济的有效回应。农村土地经营权抵押贷款对打破农村金融"瓶颈"、增加农民收入、加快土地流转、促进土地适度规模经营等方面具有重要意义。由于目前农村土地经营权抵押贷款还处在试点探索阶段,运行过程中仍存在诸多问题,因此从供需效率、市场机制、制度保障、风险机制等多个方面考虑,深入挖掘影响农村土地经营权抵押贷款运行效果的影响因素，对提升农村土地经营权抵押贷款运行效果具有重要的理论意义和现实意义。

一 理论意义

本书综合运用土地产权理论、制度变迁理论、信贷担保理论、借贷行为理论、福利经济理论、资源效率理论以及银行效率理论等相关理论，并在此基础上构建理论分析框架，是对农村金融领域相关理论的尝试性补充，具有一定的理论创新意义。

通过对农村土地经营权抵押贷款运行效果的分析，总结农村土地经营权抵押贷款业务开展过程中的经验与不足，通过对影响因素及成因的探寻，为有效解决农村土地经营权抵押贷款难题、提升农村土地经营权抵押贷款运行效果提供理论依据，并为农村土地经营权抵押融资的顶层设计、制度的创新与完善提供参考。

二 现实意义

开展农村土地经营权抵押贷款运行效果的实证研究，能更加科学地评估政策预期目标与现实运行情况的差距，从多层面、多角度准确把握农村金融业务开展过程中存在的现实问题，结合不同影响因素的实证分析结果，为提出更具有针对性的政策支持体系提供现实依据，在此基础上积极探索并完善农村土地经营权抵押贷款新模式，为农村土地经营权抵押贷款业务的可持续发展提供决策参考，从而以更加有效的方式缓解农民贷款难的现状，具有重要的现实意义。

不同地区在经济发展水平、土地政策、农村金融政策等方面存在差异，因此农村土地经营权抵押贷款试点运行情况不尽相同。通过对不同地区农村土地经营权抵押贷款运行效果及其影响因素的对比分析，不仅可以为完善本地区农村土地经营权抵押贷款运行模式、提高业务运行效率、深化农村金融制度改革提供重要的现实依据，同时可以为其他农村地区金融业务的开展提供经验借鉴。

第三节　国内外研究评论

一　国外研究评论

（一）农村土地产权制度研究

关于土地产权制度，国外很多学者进行了一系列有益的探索研究。马克思主义政治经济学就曾提出要实行土地的国有化，并认为土地是国家财产，不能将土地进行私有化，土地只有国有化才能从根本上改变劳资关系，是消除阶级差别以及特权的经济基础。20 世纪 60 年代，新制度经济学代表人物科斯在对传统福利经济学和西方古典经济学的缺陷进行批判、反思与修正的基础上，提出了土地产权制度理论。西方产权理论认为农业经济发展的环境是由土地所有权制度确定的，因此，土地所有权制度将对农业生产效率产生重要影响。随后的 20 世纪 70～80 年代，土地产权制度得到了发展与丰富。作为产权经济学的主要研究内容之一，产权制度变迁理论从制度的供需视角对制度产生的原因进行了分析。在制度需求方面，Harold Demsetz（1967）认为新产权的形成是人们在相互作用的过程中，对新的成本及期望收益不断进行调整的过程的反映。在制度供给方面，North 等（1994）通过对需求分析框架的研究以及进一步的拓展，总结了国家和意识形态所发挥的重要作用。

Besley（1995）提出将土地作为抵押而从中获益的理论，并对产权与投资收益之间的关系进行了深入探讨，认为在权利内生的可能性下，农户可以通过改进措施来增加其对土地的权利。有学者认为，安全的产权能促进城市及农村地区的投资，明确土地产权既能提高农业生产力、增加农民收入，同时可以促进土地市场的发展、人力资本的积累，还可能有助于增加后代的收入。日本经济学家早见雄次郎、美国经济学家拉坦分析研究了农业生产效率与农地产权制度之间的作用关系，研究结果表明，在规模相同的背景下，土地所有权和使用权统一的自耕土地的农业生产效率最高，拥有部分土地所有权的私有经济次之，而土地所有权和使用权分离的租地的生产效率最低。马尔科姆·吉利斯（1989）通过实证分析得出结论，土地所有制对农业生产率产生重要影响。

在美国，农村的土地产权可以分为私人所有、州政府所有、联邦政府所有三种形式。为了保护土地所有者的权利，在法律上建立了完善的土地保障体系，同时为土地所有者颁发土地权利证书来明确产权。德国通过土地私有化改造后，除了国家、州、市镇的土地为公有制，其余大部分土地实行私有制，对于私有制的土地，土地所有者之间可以自由交易。日本的土地产权制度以农村土地私有化为主要形式，同时包括家庭占有、公私合作经营，此外还融合了社会服务。巴基斯坦、印度、孟加拉国等国家将地主手中的土地所有权转移到务农的农民手中，进而完成了土地所有权和使用权的统一。泰国、菲律宾通过对佃权的合法化，增强农民佃权的稳定性，进而保护农民的利益。

（二）农村土地金融制度研究

目前，世界上大部分实行市场经济制度国家的土地金融制度有着悠久的历史，其中美国、德国、法国、丹麦以及意大利等国家的土地金融制度相对健全和完善。由于不同国家和地区在经济水平、文化底蕴方面存在着诸多差异，同时制定土地金融制度的目标不尽相同，因此其农村土地金融制度存在着明显区别。以美国为例，其推行联邦土地银行模式，对农业信用区进行了划分并建立了联邦土地银行，鼓励农户成立农村土地抵押贷款合作社来开展农村土地的抵押贷款；德国则是由国家建立土地抵押信用社，通过向农户发放土地债券的方式来开展农村土地金融业务；日本采用农村合作金融组织的模式，通过颁布农村土地金融法律法规，保障土地抵押贷款的正常运行。在实施农村土地金融制度时，一方面需要考虑如何规避交易风险、降低交易成本；另一方面需要考虑如何增加市场的透明度和实效性，既要保证土地交易信息的透明化，还要保证交易信息的及时传递，只有这样才能更大限度地提高农村土地金融的效率。

（三）农村资产抵押信贷可得性研究

国外研究对于农村土地抵押贷款能否提高农户贷款的可得性以及两者之间的关系存在着较大争议，一部分学者认为农村土地抵押贷款可以提高农户贷款的可得性，而持相反观点的学者认为，农村土地抵押贷款对提高农户贷款可得性的作用非常有限。Wette 等（1983）研究发现农户拥有正规金融机构认可的抵押品可以适当缓解其信贷约束。Feder（1988）对农村资产抵押作用机制进行了研究，对农村资产抵押与信贷可得性之间的关系进行了分析，认为以农村土地作为抵押物可以有效降低金融机构的审核成本，从而更有利于提高农户贷款的可得性。Pender 等（1999）认为农户缺乏金融机构认可的抵押物使其难以获取所需的贷款，而只有在拥有合适抵押物的基础上才能提高农户贷款的可得性。Hayes 等（1997）通过对赞比亚、秘鲁的分析研究，得出农村土地的抵押贷款可以显著提高农民贷款的可得性。持保守态度的学者中，Carter 等（2003）通过研究得出结论，当农民的财富达到一定程度后，农村土地的抵押贷款才会对农户增收起到显著效果，只有中等规模以及大规模的农户在获取所需信贷资金后才能从土地抵押贷款中获得收益。Field 等（2003）通过对秘鲁的研究发现，对于农村土地抵押而言，其自身的价值十分有限，当金融机构需要对此付出较高的处置费用时，农村土地抵押并不能提高农户贷款的可得性。Hare（2010）对越南进行研究后发现，当缺乏政策支持时，农村土地使用权的抵押贷款对农户贷款可得性的影响较小。

（四）农村土地经营权抵押贷款研究

世界多个国家的众多学者采用多种途径与方式开展了大量农村土地

经营权抵押贷款的相关研究与实践。

由于西方发达国家的土地大多是私有制，因此大多数学者的研究集中于农村土地经营权抵押贷款的有关条件以及完善的土地制度等方面。德国是较早开展农村土地经营权抵押贷款的国家，17世纪70年代，德国就开始尝试成立土地抵押信用合作社，经过长期的实践逐渐建立起完善的土地金融体系。Siamwalla等（1990）和Feder等（1991）通过对泰国多个省份土地制度的研究，发现明确的土地产权制度是开展农村土地经营权抵押贷款的必要条件。Porta等（2015）研究了法律制度对金融市场发展的影响程度后指出，财产权利的强化具有促进投资和改善信贷的作用，一方面从经济学角度对产权资源配置及权利在市场交易中的作用做了诠释，另一方面也为在信息不对称环境下如何防范风险、缓解信贷配给现象做出了合理解释。秘鲁学者赫尔南多Hernando de Soto（2003）研究发现，由于缺乏较为正规的产权证明，发展中国家居民无法使"僵化"财产转化成"流动"资本，导致居民在资本市场中的融资能力受到严重抑制。Hoff等（1998）对德国土地抵押融资制度研究后发现，德国在农村土地抵押融资方面较为有效，主要是因为其在信用评级、贷款审批、还款方式以及利率方面较为完备。Menkhoff等（2006）认为有效的农村金融市场需要具备清晰的产权界定、对应的制度环境两个条件。Van Dijk等（2006）认为土地金融机构是办理农村土地金融业务的专门机构，可以很好地解决土地分散问题，有助于将土地转化为土地资金，进而发挥土地资本化效能。Boucher等（2005）、Michler等（2015）和Menkhoff等（2011）通过一系列的研究发现，由于农民缺乏利用土地抵押获取资本投资的能力，即使法律条件允许、土地制度明确，农民是否可以顺利获取农村土地经营权抵押贷款仍是未知问题。

部分国外学者对农村土地经营权抵押贷款过程中存在的问题进行了研究，主要集中在抵押贷款制度不完善、市场发展不完备、交易成本较高、违约风险较高等方面。Wen（1996）、Phipps（2003）和 Yao 等（2010）研究发现，土地产权以及使用权的不稳定是造成农户对土地长期投资信心不足的主要原因。Djankov 等（2007）认为信贷市场不完善是影响贷款人贷款水平的重要因素。Conning 等（2007）认为土地市场不完善以及正规信贷市场发育不良影响了农民产权贷款的效率，使得信贷抵押物品的赎回时间成本过高、法律障碍较大。Pitt 等（2002）认为对于小规模种植户而言，土地金融市场的不完善、抵押物品处置困难等问题将严重制约农民获取贷款。Torero（2006）分析了秘鲁土地抵押情况后认为，如果抵押物品的交易成本明显大于借款规模，土地抵押信用提升的作用就显得十分有限。Besley 和 Ghatak（2008）利用合约原理研究了 De Soto 效应，研究认为法律改革收益会随着借方财富水平的变化而出现差异化。

（五）农户借贷对收入的影响研究

地区经济和农村金融的发展对农业发展与农户收入产生重要影响。Ambrose 等（2005）、Khandker 等（2003）和 Bose（1998）等学者认为，高效、完善的农村金融市场，不仅会对农户收入水平和福利水平的提高产生积极影响，同时对减少贫困人口、缩小贫富差距有着显著作用。因此，金融市场是国家经济发展的命脉。在农民的生产生活过程中，农村金融能在很大程度上改善其资金短缺的状况，因此，农民通过农村信贷等途径获得贷款后可以很好地进行农业生产，从而对提高其生产生活水平以及福利水平产生重要影响。Lockwood 等（1996）、Wolfe 等（2000）和 Valentina 等（2008）研究认为，农户收入水平的提高与贷款金额的增加有着密切联系。Iqbal（1983）利用消费者效用函数理论分析了农户借贷与收入之间的关系，得出结论认为，在效用最大化条件下，消费者获得贷款，此时效用函数与预算约束线交点将右移，通过扩大消费组合交点，对消费者下期的消费及收入水平产生积极影响。

国外学者从多个视角对农村土地抵押贷款问题进行了研究，取得了丰硕的研究成果，提出了大量有启发性的思路与观点。从研究内容来看，国外学者的关注点主要集中在农村土地产权制度、农村土地金融制度、农村土地融资贷款实施情况、农户借贷对收入的影响等方面。从研究方法来看，国外研究以农村土地经营权抵押贷款的定性分析为主，少量定量研究成果也主要集中在农村抵押贷款农户可得性、金融机构贷款意愿等方面。而对"三权分置"制度背景下的农村土地金融研究，尤其是对我国现行农村土地金融产品运行试点的研究尚无涉及。由于我国农村土地产权制度具有特殊性，因此无法直接借鉴国外的农村土地经营权抵押贷款制度，但国外相关的农村土地金融制度及其运作经验，对我国开展农村土地经营权抵押贷款、制定与实施相关支持政策均有一定的参考价值。

二　国内研究评论

随着我国农村土地经营权抵押贷款工作的逐渐开展，国内有关农村土地经营权抵押贷款的研究越来越受到学术界的关注。总体而言，有关农村土地经营权抵押贷款的研究可以划分为两个阶段：第一阶段是20世纪80~90年代，主要研究视角是农地金融制度；第二阶段是2005年前后至今，该阶段的研究焦点主要集中在农村土地经营权抵押贷款的业务创新、融资试点等方面。目前，有关农村土地经营权抵押贷款的研究已逐渐成为国内农村经济领域的热点，也产生了诸多研究成果。通过对近年来已有文献的梳理，可以将相关研究归纳为以下几个方面。

（一）农村土地经营权抵押贷款的必要性研究

对于在我国开展农村土地经营权抵押贷款的必要性，目前学术界并没有形成统一的认识。持反对观点的学者认为，土地是农民的命根子，农民并不会轻易将土地经营权作为抵押物来获取贷款，因此农村土地经营权抵押贷款的前景黯淡。由于农业生产具有弱质性、农业保险具有滞后性以及农村地区社会保障体系不完善，因此农村土地经营权抵押贷款应该放缓。由于农村土地经营权抵押贷款存在潜在风险，所以应该取消其在全国范围的推广。持支持观点的大多数学者认为，农村土地经营权抵押贷款对农业生产活动有着积极的促进作用。早在 20 世纪 90 年代，吴文杰（1997）就指出，建立以土地抵押为方式的农村土地金融制度，可以有效地提供低成本的农业支持资金，有利于农村土地资源的优化配置。农村土地金融提供了一种以农村土地为信用抵押物的融资通道，有利于将固定的土地资源盘活，使其在市场上有效流通，不断扩大社会资金来源。

当前，我国正处在由传统农业向现代农业转变的关键时期。农村土地经营权抵押贷款是一种有效促进土地流转的中介方式，可以有效改变我国城乡二元化体制。通过农村土地抵押贷款，不仅可以更好地为农业生产提供充足资金，同时还可以积极引导并规范农户的生产经营行为，提升农村土地资源配置效率，促进农业结构调整。有学者指出，开展农村土地经营权抵押贷款意义重大、影响深远，既可以有效解决农村贷款融资难的问题，对农业产业化、规模化以及现代化也有着重要的促进作用，同时还可以促进农村劳动力转移，促使农民获取更多的资金投入，向非农业领域多元化发展。

因此，对于我国而言，开展农村土地经营权抵押贷款业务有其必要性。农村土地经营权抵押贷款不仅是提高农村生产力的客观需要，同时也是现代农业经济与金融逐步走向市场化的必然结果。我国应积极出台相关政策，相关立法部门应逐步消除农村土地经营权抵押贷款的法律限制，使农民有更加灵活的土地经营权，逐步破除束缚农村土地流转的相关法律制度障碍。为了达到拓宽农民融资渠道的目的，应使农村土地经营权抵押贷款有现实基础和制度依据。作为完善土地承包经营权物权属性的必然要求，农村土地经营权抵押贷款是"工业反哺农业"的具体体现。同时，作为缓解农业生产资金紧缺状况的良好模式，开展农村土地经营权抵押贷款势在必行。

（二）农村土地经营权抵押贷款的可行性研究

庞敏英等（2004）从社会政策和法理角度对农村土地承包经营权抵押的可行性进行了考量，并对土地承包经营权抵押的实现形式进行了探讨。有学者对发展以农村土地抵押为特征的农村土地金融的现实意义进行了讨论。我国农村土地的保障功能不断弱化，为土地承包经营权抵押贷款的试行提供了条件。厉以宁（2008）指出应该打破目前我国的城乡二元经济体制，打通农户利用土地承包经营权以及宅基地使用权进行抵押融资的渠道。陈新建（2008）利用经济机制设计理论对多种农贷方式进行了对比分析，认为在完善的市场条件下，农户通过农村土地抵押获得信贷资金是最佳的技术选择。从法律角度来看，利用土地承包经营权和宅基地使用权实现抵押融资的方式是可行的。农村土地承包经营权抵押具有理论和现实基础，在一定程度上拓宽了农户的融资渠道。

就农村的土地产权而言，我国农村土地具有部分排他性、可分割性以及流转性等特点。在《物权法》等法律保障下，农村土地经营权抵押贷款有一定的发展空间，进而为土地经营权抵押贷款业务的开展提供了可能。随着我国农村土地基本功能的弱化，不同地区之间的农村土地存在着较大差异，这为我国开展农村土地经营权抵押贷款试点工作提供了可行性。由于我国农村地区金融机构相对稀缺，农户面临着较大的融资难题，急需新的信贷产品来解决这一难题，因此农村土地经营权抵押贷款具有可行性。

近年来我国经济的快速发展，为发展农村土地金融提供了条件。多项分别对豫北、泰州、成都等地区农户的调查研究发现，农户对土地经营权抵押贷款业务有着迫切的需求，他们将农村土地经营权抵押贷款看作首选融资方式。所以，随着我国农村金融服务的创新发展，通过积极推广农村土地经营权的抵押贷款业务，不仅可以在很大程度上促进农村土地流转、提高农村土地的收入，同时还能很好地促进农村经济健康快速发展。因此，学者们研究探讨的结论一致认为，开展农村土地经营权抵押贷款不仅是十分有必要的，同时在经济上、制度上具有较高的可行性。

（三）农村土地经营权抵押贷款制约因素研究

对于农村土地经营权抵押贷款，需要考虑制度构建成本、交易成本以及贷款风险等约束条件。在开展农村土地经营权抵押贷款业务过程中，可能存在土地产权不明确、土地经营权抵押价值不高、土地经营权处置困难等障碍。刘贵珍（2009）通过实地考察研究，认为制约农村土地经营权抵押贷款业务的影响因素包括贷款操作困难、业务模式不成熟、贷款风险较难控制等。在当前农村土地价值评估困难、政策环境不明确等影响下，农村土地经营权抵押贷款业务开展得较为缓慢。万伟等（2011）对农村房屋抵押贷款过程中的障碍进行了分析，并提出了实施产权认证、构建评估机制、建设流转平台等措施。目前，农村在三权抵押贷款方面普遍存在农户认知不足、金融机构缺失、法律法规不完善、市场机制不健全、社会保障机制不完备等诸多问题。法律风险、城乡二元化以及城乡土地机制是农村土地经营权抵押贷款效率普遍低下的重要原因。

根据我国《担保法》的规定，耕地等作为集体所有的土地，其使用权不得抵押。但根据我国《物权法》的规定，通过招标、拍卖、公开协商等方式获得的荒地、荒山等经营权可以进行抵押，除此之外还规定，耕地等集体所有土地的使用权不得抵押，但法律规定可以抵押的除外。不难看出，就农户所承包的土地而言，大部分土地的使用权不能进行抵押。目前，虽然我国已有较多地区开展了农村土地经营权抵押贷款的试点工作，但大部分试点均是在地方政府的政策制度下开展的，受到地方政策制度差异的影响，农村土地经营权抵押贷款业务的开展有着较大的不确定性。因此，农村土地经营权抵押贷款业务的开展，在很大程度上面临法律法规、政策制度的不确定性影响。这也在一定程度上影响地方农村金融机构开展业务的积极性。受此影响，金融机构及农户参加抵押贷款的时间成本、交易成本均有所增加，进而影响抵押贷款业务的效率。由于农村存在着土地产权机制不健全、社会保障体系不完善等制约因素，因此农村土地经营权抵押贷款试点工作面临困难。研究表明，承包人对土地经营权的处置权有限，使得对农村土地经营权的处置难度加大，进而影响了农村土地经营权抵押贷款业务的开展。在我国，由于农村土地经营权抵押贷款业务没有较为成熟的运行模式，同时受到农业生产经营风险的影响，因此农村土地经营权抵押贷款的全面开展受到影响。除此之外，农村土地产权不明晰、土地价值评估较为困难、法律法规政策不完善、土地社会保障功能弱、土地流转机制不完备、农村社会保障体系长期缺位、农村土地经营权抵押贷款金融机构较少等诸多因素均是制约农村土地经营权抵押贷款业务开展的重要因素。

（四）农村土地经营权抵押贷款制度构建研究

完善社会保障体系，可以在一定程度上增加实施农村土地经营抵押贷款制度的可行性。为了促进金融机构增加农业贷款，强化农村土地金融功能，应该不断完善农业保险体系，降低金融机构风险，同时构建财政扶持、税收优惠等经济激励机制。要加快建设农村产权抵押贷款配套设施，加强农村产权交易市场建设，构建农村产权价值评估机制，完善征信管理体系，降低金融机构风险，增加金融机构收益。就农村土地经营权抵押贷款而言，其前提条件是不能改变农村土地的所有权属性、不更改土地的实际产权、不变更土地的实际生产用途。所以，在开展农村土地经营权抵押贷款业务过程中，金融机构需要明确农村土地的产权、经营主体等，政府也需要进一步制定并完善相关的法律法规。

对于农户而言，其参与农村土地经营权抵押贷款的意愿主要来自农业生产及经营活动等方面，因此，在开展农村土地经营权抵押贷款业务时，需要结合农村经济发展的实际需要，选择一系列发展条件较成熟的农村地区开展相关的试点及推广工作。一方面，建立全面完善的农村土地价值评估体系，作为科学开展农村土地经营权价值评估、促进供需双方顺利完成抵押融资的关键，建立农村土地经营权登记与价值评估机制成为开展农村土地金融的基础和重点工作；另一方面，构建农村土地经营权抵押贷款防范、补偿机制，进一步完善农村社会保障机制，弱化农村土地的社会保障功能。

（五）土地经营权抵押贷款运行模式研究

国内学者对我国土地经营权抵押贷款运行模式、组织体系以及运行路径进行深入研究，认为目前我国农村土地经营权抵押贷款运行模式包括"基金担保 + 土地经营权抵押"、以农机经营权入股方式抵押贷款、利用土地承包经营权直接向银行贷款、"公司贷款 + 土地承包经营权抵押"等方式。伍振军等（2011）通过对宁夏同心县农村信用联社农村土地经营权抵押贷款业务的调查研究，总结分析了土地经营权抵押贷款操作模式的利弊。吴海涛等（2010）结合杜蒙县巴彦查干乡种植大户的实际情况，以五户联保为基础为当地农户设计出一种农村土地经营权抵押贷款的模式，该模式是在传统的五户联保信贷模式的基础上，在具体的抵押贷款环节中加入第三方担保人。燕星辰等（2011）通过对我国农村现有土地经营权抵押贷款模式的总结，得出目前主要包括直接抵押贷款、小额循环贷款、担保公司担保贷款、土地金融公司或土地信用合作贷款等实践模式。武翔宇（2010）分别从产权、价值评估以及流动性等层面研究分析了农村土地经营权作为抵押物品的缺陷，并提出保障农村产权各项权能的建议。刘盈等（2010）通过对重庆市开县、忠县的调查研究，利用 Probit 模型对影响农户抵押贷款的各项因素进行实证分析，认为农户对抵押贷款有着迫切的需求。张龙耀等（2010）通过对宁波样本的分析，从经济学角度对农村土地经营权抵押贷款的路径和前提条件进行归纳总结，并对农村信用社开展农村土地抵押贷款的成效进行了分析。

（六）农村土地经营权抵押贷款供需意愿研究

林乐芬等（2011）采用二项 Logistic 回归模型，对宁波市部分农村金融机构开展农村土地经营权抵押贷款的意愿及影响因素进行了分析，同时提出了对应的政策建议。刘婷婷等（2013）采用 Logit 模型对影响农户土地经营权抵押意愿的相关因素进行分析，得出农户年龄、农地总面积、土地流转意愿、收入来源以及外出打工经历等是主要的影响因素。赵雯等（2013）采用 Logit 模型对不同收入水平、不同类型农户的贷款意愿的影响因素进行了分析，同时提出了开发多层次信贷产品、创新信贷模式以及改进贷款服务方式等政策建议。惠献波（2014）通过对农村土地经营权抵押贷款需求与供给的影响机理进行深入剖析，利用河南省试点县的调查资料，对农村土地经营权抵押贷款的供需因素进行实证研究。兰庆高等（2013）运用 Probit 模型进行实证研究后发现，影响信贷员开展农村土地经营权抵押贷款业务的主要因素包括农户性质、农村土地规模、农村土地产权稳定性、农村土地产权评估价值及评估体系、农村土地权利赎回成本、相关法律法规的健全程度以及地方政府的政策导向等。黄惠春等（2013）利用层次分析法对江苏省新沂农商行发放农村土地经营权抵押贷款开展了实证研究，认为贷款经营项目、农地产出价值、农地流转价格、租金交付方式等是重要的影响因素，同时农户违约导致抵押物较难收回等也是影响供给意愿的重要因素。靳聿轩等（2012）利用二元 Logit 模型对山东省沂水县农户的农村土地经营权抵押贷款意愿进行了实证分析，结果表明农村土地流转体系以及专业合作社的发展均对农户意愿产生正向作用，与之相反，法律方面的制约以及农村社会保障体系不完善等是制约农户意愿的重要因素。陆红等（2015）从政府、农户以及金融机构等角度对农村土地经营权抵押贷款的需求意愿进行了实证研究，认为贷款利率、耕地面积、风险偏好、政府扶持以及农户对贷款的需求均对农村土地经营权抵押贷款有着显著的正向作用。

（七）农村土地经营权抵押贷款影响农户收入研究

开展农村房屋抵押贷款业务，一方面可以促进农村宅基地的流动和资源的有效配置，另一方面可以盘活农户资产，将农户资产变为资金，有效解决农户融资难的问题，从而提高农户的收入水平。鲁美辰（2013）利用模型分析工具分析了农村土地经营权抵押贷款对农户收入的影响，结果显示抵押贷款对农户收入结构调整及农户增收均起到了一定的促进作用。曹瓅等（2014）利用 Tobit 回归模型分析了陕西、宁夏地区农村土地经营权抵押贷款行为对农户家庭福利变化的影响，结果显示，农村土地经营权抵押贷款对农户家庭年收入、非农收入、生产性支出以及生活消费支出均呈现显著的正向作用，对农户家庭福利水平的提高作用明显。古晓（2014）运用 DID 模型进行实证分析，结果显示农村土地经营权抵押贷款对农户的人均纯收入、人均农业收入和人均非农收入均存在明显的正向作用，同时，农村土地经营权抵押贷款在短期内对收入结构的影响不显著。于琴（2015）利用农村土地经营权抵押贷款的调研数据，运用线性分位数回归模型对不同收入水平农户的收入与非农收入进行实证分析，结果认为贷款经历、贷款额度对各个收入水平的农户增收均起到显著正向作用，贷款期限对各个收入水平农户的总收入、农业收入影响不显著，但对中下收入水平农户的非农收入有显著正向作用。

（八）农村土地经营权抵押贷款试点运行效果研究

农村土地经营权抵押贷款是一种对我国农村土地产权制度的突破与尝试，对其试点运行效果进行研究，有助于后续有效开展农村土地经营权抵押贷款业务。根据业务参与角色的不同，可以分别对需求侧即农户、供给侧即金融机构的试点运行效果进行评估。目前，国内有关农户对农村土地经营权抵押贷款业务的积极性、家庭福利改善情况以及对抵押贷款业务评价等方面的研究已较为丰富，但对业务供给侧即金融机构业务开展效果的研究还相对较少。

杨云（2010）分别从金融机构和农户角度对福建省林权抵押贷款的绩效进行了评价，认为农村金融机构开展林权抵押贷款业务，不仅可以明显提高农村金融机构的经营绩效，同时可以提高农户的贷款可得性和生产收入。黄惠春（2014）通过对农户的调查发现，农村土地经营权抵押贷款试点以来，效果并不理想，金融机构的主要业务对象是大农户以及信用水平较高的农户，对小农户贷款的重视程度不足，进而导致农户的响应积极性不高，农户贷款难的问题没有得到有效解决。李韬等（2015）利用计量模型分析了农户对农村土地经营权抵押贷款的响应情况，研究发现农村土地经营权抵押贷款有效缓解了小农户贷款难的问题，因此小农户对农村土地经营权抵押贷款的积极性要高于大农户。林乐芬等（2016）利用 Logistic 方法研究了农户土地经营权抵押贷款的影响因素，认为不同规模的农户在获得农村土地经营权抵押贷款时存在差异，金融产品因素是影响小农户贷款可获得性的主要因素，而生产经营风险以及抵押物权属是影响规模农户贷款可得性的主要因素。牛荣等（2016）利用回归模型对不同经营类型的农户展开了实证分析，认为在农村土地经营权抵押贷款试点地区，农业经营类型的农户没有受到明显的信贷约束，其在贷款过程中普遍会选择正规的金融机构，而非农经营类型的农户由于缺乏土地抵押物而受到较大的信贷约束。杨希等（2015）研究发现，我国西部地区的农户对农村土地经营权抵押贷款的评价较高，整体效果较为理想，其中影响农户满意度的关键因素主要包括耕地面积、农户受教育程度、政策推广效果、抵押意愿等。曹瓅等（2015）通过对农村土地经营权抵押贷款供给效果的实证分析，认为整体上农村土地经营权抵押贷款的供给效果较好，农户评价较高，影响农户满意度的因素主要包括农户的参与意愿、政策熟悉度、资金预期及满足程度、贷款流程、资金回报率等。安海燕等（2016）对农户和新型农业经营主体满意度进行分析后得出，农户和农业新型主体对农村土地经营权抵押贷款政策有着较高满意度。徐佳璟（2015）以典型试点地区为对象，分析了内生型金融的基本功能以及农村金融内生型发展的适应性，通过调查分析以及模型分析，构建了农户参与土地经营权抵押贷款的供给方程，认为土地价值等因素对农村土地经营权抵押贷款的供给呈正向影响，家庭人均收入水平表现出负向影响。

金融机构作为农村土地经营权抵押贷款的供给主体，其业务办理的效果关系到农村土地经营权抵押贷款业务是否可持续发展。王兴稳等（2007）认为影响金融机构发放农村土地经营权抵押贷款的关键因素是土地所能带来的经济效益。张龙耀等（2015）研究发现，农村土地经营权抵押贷款的供应以及试点效果与地方政府的金融支持政策、风险担保与补贴力度等有直接关系。李善民（2015）研究认为地方政府出台农村土地经营权抵押贷款支持政策是积极推动金融机构开展相关贷款业务的最优策略。马嘉鸿（2016）对辽宁省昌图县金融机构的农村土地经营权抵押贷款的供给绩效进行分析，发现农村土地经营权抵押贷款业务提高了金融机构的综合运行效率。施晓琳（2002）、丁关良（2007）研究发现，农村土地经营权抵押贷款业务能在一定程度上促进农村经济的发展，对提高农业生产效率具有重要作用。曾庆芬（2011）研究发现，农村土地经营权对提高农户信用等级、防范贷款风险具有重要作用，不仅能有效降低农户的信贷违约率，还可以减少农村信用社的监督成本。

目前国内学者在农村土地经营权抵押贷款方面的研究已十分丰富，相关的研究内容也逐渐成为国内农村经济领域的研究热点。从研究方向来看，国内学者分别从必要性、可行性、制约因素、制度构建、运行模式、供需意愿、对农户收入的影响、试点运行效果等诸多方面做了大量研究。其中，在农村土地经营权抵押贷款必要性问题上，学者们出现过分歧，部分学者对开展农村土地经营权抵押贷款持反对观点，但随着试点运行业务的开展，近年来这些声音已开始逐渐变小。总体而言，近年来我国农村土地经营权抵押贷款试点的成效初步显现，与此同时，由于我国农村土地经营权抵押贷款仍处在试点推广阶段，全面开展该业务还面临着诸如土地价值评估、抵押权属实现、法律法规保障等多重制约因素。因此，有效评估我国农村土地经营权抵押贷款业务的运行效果，不仅可以为提高风险防范水平、加强抵押贷款制度建设、消除制约因素、制定更加科学合理的农村土地经营权抵押贷款政策提供科学依据，同时可以为促进我国农村土地经营权抵押贷款业务全面开展提供现实参考。

目前，国内学者已从不同角度对农村土地经营权抵押贷款问题进行较为系统的研究，取得了丰硕的成果，提出了诸多独特的见解，这也为本研究的开展提供了重要的理论借鉴。但目前已开展的研究仍存在诸多不足，主要表现在以下几个方面。

首先，由于我国农村土地经营权抵押贷款仍处于试点推广阶段，目前学者对不同运行模式下农村土地经营权抵押贷款的特征进行了较为透彻的分析，但相关实证研究大多局限在较小范围的区域来开展，同时缺乏对不同案例之间的比较分析及综合分析，对于不同区域间如何借鉴先进经验及综合发展的研究较少，因此得出的结论仍具有一定的局限性，不利于从整体层面制定科学的农村土地经营权抵押贷款政策。

其次，对农村土地经营权抵押贷款运行效果的评价，大多数还停留在描述性统计或简单评价分析层面。部分研究从农户视角分析了农村土地经营权抵押贷款的运行效果，但对金融机构业务开展效果的研究相对匮乏，而从农户等需求者角度、金融机构等供给者角度综合分析农村土地经营权抵押贷款运行效果及其影响因素，以及对不同地区进行对比分析的相关研究鲜见。

最后，已有研究对农村土地经营权抵押贷款运行背景尤其是试点地区运行效果及影响因素的探索还不够深入，在一定程度上限制了对农村土地经营权抵押贷款协调、可持续发展方面的研究深度。对参与主体需求和供给意愿的量化分析，虽然能在一定程度上为研究结论提供数据支撑，但由于大多数研究是从农村土地经营权抵押贷款业务运行角度出发，而对相关利益者的收益、福利变化以及相互促进作用的探讨较少，因此提出的相关政策建议缺乏针对性。

因此，在我国大力推广农村土地经营权抵押贷款业务、吉林省积极响应国家号召的背景下，有必要对吉林省农村土地经营权抵押贷款试点地区的实践经验进行系统的梳理、分析与总结，对农村土地经营权抵押贷款的运行效果及影响因素进行科学评价，对农村土地经营权抵押贷款的发展路径进行系统设计，并提出具有科学性、针对性的对策建议。

第四节　研究内容与方法

一　研究目标

作为全国唯一的省级农村金融综合改革试验区，吉林省近年来积极探索农村土地经营权抵押贷款的新模式与新路径。因此，有必要开展吉林省农村土地经营权抵押贷款业务运行效果及其影响因素的相关研究。一方面，不同农户参与农村土地经营权抵押贷款业务的情况存在较大差异，农户层面的业务运行效果必然不同，进而对农户满意度以及该贷款需求产生不同影响；另一方面，金融机构开展农村土地经营权抵押贷款业务的关注点是业务开展效率及收益率，因此，金融机构贷款业务的运行效率、客户经理对农村土地经营权抵押贷款业务的评价及其影响因素会对贷款供给产生重要影响。

基于此，针对已有研究的不足，结合吉林省农村土地经营权抵押贷款业务的实际运行情况，在借鉴已有研究的基础上，本书以吉林省农村土地经营权抵押贷款为研究对象，通过对农村土地经营权抵押贷款运行效果及其影响因素的比较研究，以期实现如下研究目标。

首先，通过对吉林省农村土地经营权抵押贷款运行现状、所面临问

题以及运行效果的系统分析，深入挖掘不同地区农村土地经营权抵押贷
款运行效果的差异及影响因素，总结开展农村土地经营权抵押贷款业务
的经验与不足，为优化其他区域的业务模式、提升运行效果提供经验
借鉴。

其次，从农村土地经营权抵押贷款业务供需参与主体出发，通过对
农户满意度、农户福利变化、金融机构运行效率、客户经理满意度等的
量化分析，深入研究农村土地经营权抵押贷款对相关利益者收益及福利
变化的影响程度与方向，为提出更具针对性的政策支持体系提供数据
支撑。

最后，系统分析农村土地经营权抵押贷款业务运行过程中政府、农
户、金融机构的相互作用关系，从利益互动视角，结合不同地区农村土
地经营权抵押贷款的运行效果，利用政策分析法总结相关建议与措施。

二　研究内容

在对农村土地经营权抵押贷款相关概念进行界定的基础上，梳理土
地产权理论、制度变迁理论、信贷担保理论、借贷行为理论、福利经济
理论、金融资源效率理论以及银行效率理论等相关理论，对有效开展农
村土地经营权抵押贷款的内在因素进行深入挖掘，为提升农村土地经营
权抵押贷款运行效果提供理论支撑与现实借鉴；通过总结分析，确定本
研究的可行性并构建理论分析框架，进而为开展吉林省农村土地经营权
抵押贷款运行效果研究提供理论依据。

根据业务开展过程中参与主体的不同，对农村土地经营权抵押贷款
运行模式进行分析；对吉林省农村土地经营权抵押贷款业务试点历程进
行回顾，在此基础上梳理吉林省农村土地经营权抵押贷款业务试点现
状，并对吉林省农村土地经营权抵押贷款典型案例地区的业务状况进行
分析；总结吉林省农村土地经营权抵押贷款业务运行过程中面临的问
题，为评价吉林省农村土地经营权抵押贷款运行效果、对比分析不同地

区的运行效果差异提供相关依据。

在土地产权理论、制度变迁理论的基础上，依据农村土地产权制度以及农村金融制度，从农村土地经营权抵押贷款需求主体和供给主体的视角出发，利用实地调研数据，从农户满意度以及抵押贷款业务增加农户收入等方面分析农村土地经营权抵押贷款业务的需求侧运行效果，从金融机构贷款业务的运行效率、客户经理对贷款业务的满意度评价角度分析农村土地经营权抵押贷款业务的供给侧运行效果。

通过对需求侧运行效果和供给侧运行效果的综合分析，深入挖掘吉林省不同地区农村土地经营权抵押贷款的运行效果差异，深入分析影响运行效果的各类因素，总结吉林省农村土地经营权抵押贷款业务的经验与不足；从系统性、互动性、可持续性等角度出发，结合农村土地经营权抵押贷款的运行效果，总结提升相关政策建议与措施。

三　研究方法

根据本书的研究目标和内容，结合研究思路和理论分析框架，在借鉴已有研究的理论与分析方法基础上，引入文献研究法、调查统计法、定性分析法、案例分析法、计量分析法展开相关研究。

（一）文献研究法

目前已有大量关于农村土地经营权抵押贷款的研究成果，本书首先对相关文献进行搜集和整理，对相关领域的国内外研究现状进行深入分析。在全面了解与本书相关的核心观点、研究思路及相关方法的基础上，梳理、分析并归纳国内外关于土地产权理论、制度变迁理论、信贷担保理论、借贷行为理论、福利经济理论、金融资源效率理论以及商业银行效率理论的成果，并将其作为本书的理论基础。结合本书的研究目标和内容，借鉴已有研究的理论与方法，确定研究可行性与研究思路，构建理论分析框架。

（二）调查统计法

为了更加准确地分析吉林省农村土地经营权抵押贷款的真实运行情况，本书采用实地问卷调查的方式获取一手数据，在此基础上进行统计分析。在借鉴已有研究的基础上设计调查问卷，结合吉林省农村土地经营权抵押贷款试点运行情况选择样本调查地区，对榆树市、梅河口市等地区的农户和金融机构进行实地调查，采用问卷调查和座谈等形式收集相关数据，对参与农村土地经营权抵押贷款业务的农户个体特征、农户家庭特征、农户社会关系、金融机构特征、贷款业务数据进行调查统计，对金融机构开展农村土地经营权抵押贷款业务的投入产出数据、影响因素数据进行调查分析，以及对相关客户经理的评价数据进行调查、整理和统计。

（三）定性分析法

本书运用归纳总结、政策分析等方法对相关研究结果进行定性分析。利用归纳总结法对农村土地经营权抵押贷款的运行背景、特点进行归纳，对主要运行模式进行总结分析；利用政策分析法总结提升农村土地经营权抵押贷款运行效果的政策与建议。

（四）案例分析法

本书选取榆树市、梅河口市等开展农村土地经营权抵押贷款的典型案例地区，通过对其农村土地经营权抵押贷款运行现状、运行效果的分析，归纳两个地区开展农村土地经营权抵押贷款业务的基础条件及实践过程中的优劣势，探寻地区间的共同特性与差异性，总结不同地区可以相互借鉴的经验与启示，进而为农村土地经营权抵押贷款业务在吉林省乃至全国推广提供现实参考。

（五）计量分析法

本书从需求侧、供给侧两方面对吉林省农村土地经营权抵押贷款运行效果及影响因素进行实证研究，选择多种计量分析方法：采用有序

Probit 模型分析农户和银行客户经理对农村土地经营权抵押贷款业务的满意度；采用 Tobit 回归模型分析农村土地经营权抵押贷款业务对农户收入的影响，以及农村土地经营权抵押贷款运行效率的影响因素；采用包络分析法（DEA）衡量金融机构开展农村土地经营权抵押贷款业务的效率。

四　数据来源

《农村承包土地的经营权抵押贷款试点暂行办法》（银发〔2016〕79 号）选取了综合配套改革试验区 15 个县（市）作为吉林省农村土地经营权抵押贷款的试点地区，即榆树市、农安县、永吉县、敦化市、梨树县、柳河县、洮南市、东辽县、前郭县、抚松县、梅河口市、公主岭市、珲春市、龙井市、延吉市 15 个县（市）。结合本书的研究目标和内容，综合考虑样本数据的获取途径等因素，选择榆树市和梅河口市等农村土地经营权抵押贷款业务试点效果相对较好的地区进行实地调研。

在参阅大量研究文献的基础上，设计调查问卷并开展相关实地调查工作。需求侧主体的调查数据来源于 2017～2018 年对榆树市、梅河口市的入户调研。调研区域分布在榆树市和梅河口市主要农业生产地区和农村土地经营权抵押贷款主要试点地区。调查组采用分层抽样、随机调查、与农户一对一访谈等形式，在榆树市恩育、城发、育民、泗河、保寿 5 个主要乡镇进行入户调研，共发放 250 份调查问卷，收回 235 份，其中有效问卷 210 份；在梅河口市选取中和、小杨、双兴、红梅、进化、杏岭、水道 7 个乡镇，对这些区域内的农户进行问卷调查，共发放调查问卷 150 份，收回 142 份，其中有效问卷 139 份。所获取的样本数据基本反映了榆树市和梅河口市不同地区、不同资源条件、不同农业经营类型的农户特征。

供给侧主体的调查数据来源于 2017～2018 年对榆树市、梅河口市的实地调研。调查对象主要包括农村金融机构及办理抵押贷款业务的客户经理两类。其中，对农村信用社及涉农银行等相关金融机构进行调查时，主要采用问卷调查及座谈等形式，调查内容主要涉及金融机构网点的基本投入产出情况、农村土地经营权抵押贷款业务开展情况等。接受调研的金融机构运营网点共计15家，其中榆树市6家、梅河口市9家。在对榆树市、梅河口市等地区进行实地调查的过程中发现，农村金融机构运营网点并没有对农村土地经营权抵押贷款业务的利润进行单独核算，对经营情况的考察主要是通过核算业务的总利润，因此无法通过金融机构总体业务情况来考察农村土地经营权抵押贷款业务的收益效果。为此，在实地调查过程中，通过搜集金融机构运营网点农村土地经营权抵押贷款业务的收入数据来分析网点的产出情况，将调查得到的贷款余额、固定资产净值、机构营业费用、财政补贴收入、农村土地经营权抵押贷款余额作为投入指标数据。对客户经理进行调查时，通过问卷与座谈等形式进行，调查内容主要包括客户经理的基本情况、办理农村土地经营权抵押贷款业务的意愿、对农村土地经营权抵押贷款业务的前景预测、对农村土地经营权抵押贷款业务的业务满意度评价及意见建议等方面。调查组共获得客户经理的有效调查问卷78份，其中榆树市35份、梅河口市43份。

第五节 技术路线与创新点

一 技术路线

本书技术路线如图1-1所示。

二 本书可能的创新点

本书在借鉴已有研究理论与方法的基础上构建分析框架，根据本书的研究思路、研究内容和研究方法，可能的创新之处体现在以下几个方面。

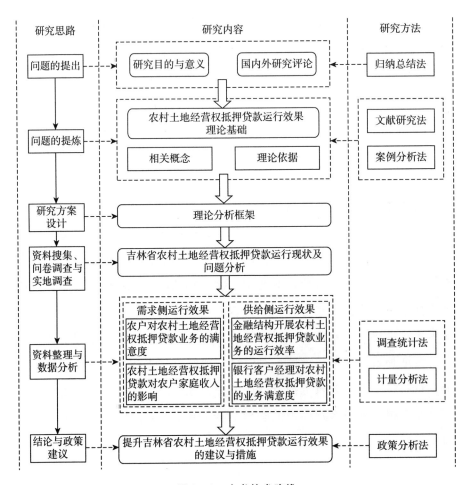

图1-1 本书技术路线

（一）研究视角与内容的创新

本书从需求侧、供给侧角度对吉林省农村土地经营权抵押贷款运行效果及影响因素进行综合分析，研究角度更加系统、全面，具有一定的前沿性和实用性。在实地调查与统计分析的基础上，将农户满意度、农户福利变化作为农村土地经营权抵押贷款需求侧运行效果的特征指标，将金融机构业务效率、银行客户经理业务评价作为农村土地经营权抵押贷款供给侧运行效果的特征指标，研究内容更加科学、全面。

（二）研究方法的创新

本书采用有序 Probit 模型、Tobit 回归模型、包络分析法等多种模型，利用定量分析方法对农户满意度、农户家庭收入变化、金融机构业务运行效率和银行客户经理满意度进行实证分析。

基于多元回归思想的有序 Probit 模型在被解释变量为有序多分类变量时十分有效。本书将农户的满意度划分为非常不满意、不满意、一般、满意、非常满意 5 个层次，综合考虑农户个体异质性特征及其他可能影响农户对农村土地经营权抵押贷款是否满意的因素，得到规律性的结果。综合农户个体特征、机构特征、贷款特征及参与特征 4 个维度的因素，有利于直观测度影响农户满意度的因素，进而提出有针对性的建议。

在调查样本数据中，存在较多农村土地经营权抵押贷款金额数据、家庭收入统计数据为零的情况，利用 Tobit 模型最大似然估计的一致性可以避免含有截尾数据的模型参数产生偏差。

利用包络分析法可以将多项投入指标和产出指标在同类型单位中进行相对有效性的评价，是生产领域效率测算的普遍方法，但鲜有文献将这一方法用于信贷工具运行效率的测算。本书从金融机构的投入和产出角度出发，运用包络分析法测算开展土地经营权抵押贷款业务的金融机构的综合效率、纯技术效率以及规模效率，以客观评价农村土地经营权抵押贷款的开展给金融机构带来的是效率上的贡献还是损失。在此基础上运用 Tobit 回归模型分析对效率产生影响的各因素的规律性特征，从而提出倡导或规避的建议。

综上可见，相比既往研究，本书的逻辑与方法更契合农村土地经营权抵押贷款业务开展的实际情况，能更好地解决数据或实际运行中的问题，从而得到更为客观、科学的结论。

│第二章│
理论基础与分析框架构建

由于我国的农村土地经营权抵押贷款仍处在试点推广阶段，对其运行效果的研究必将成为学术界关注的焦点问题。第一章对本书的研究背景与意义进行了阐述，对国内外研究现状进行了系统分析，并提出了研究目标与内容、研究方法与技术路线。本章将对农村土地经营权抵押贷款的相关概念进行界定，对土地产权理论、制度变迁理论、信贷担保理论、借贷行为理论、福利经济理论、金融资源效率理论以及商业银行效率理论等进行梳理，对有效开展农村土地经营权抵押贷款的内在因素进行深入挖掘，进而为提升农村土地经营权抵押贷款运行效果提供理论依据，在此基础上总结并构建本书的理论分析框架。

第一节　相关概念界定

一　农村土地产权

目前，学术界并没有对农村土地的概念形成统一认识，可以将农村土地从广义和狭义两个层面来定义：广义的农村用地主要包括耕地、林地、牧草地、养殖用地等大部分土地，该类型的农村土地含义较广；而狭义的农村土地主要是指耕地。马克思主义理论认为，土地产权是包含土地所有权等一系列土地财产权利的统称。我国《土地管理法》及相关法律法规指出，土地产权主要是存在于土地权利中的排他性权利，其中包括土地所有权、土地使用权、土地租赁权、土地抵押权、土地继承权、地役权等多项权利。在此背景下，与其他财产权类似，土地产权必须得到法律认可并受到法律的保护，即土地产权必须在法律认可下才能生效。农村土地产权的基础是农村土地的所有权和使用权，不同主体之间进行两项权利的转让和交易时，可以体现出社会权益关系或个人的权益关系。因此，农村土地产权是有关土地财产的一切权利的总和，其中主要包括农村土地的所有权、占有权、使用权、收益权及处置权等权利，即有关农村土地的各种权利的权利束。

自1978年以来，我国实行以家庭联产承包责任制为主体的土地产权制度。该制度建立在土地公有制基础上，集体和农户之间是发包与承包关系，集体把所拥有的土地长期包租给农户使用。在该制度下，主要包含了农村土地的所有权、使用权、承包经营权三个方面及层次间组合协调的制度规定，具有土地所有权归集体、集体土地所有权和土地经营权分离、土地经营权归农户、以农户家庭为经营单位等特点。我国的家庭联产承包责任制的土地产权政策，是土地流转的基础和前提。

二　农村土地所有权

区别于西方国家的土地私有制，我国的农村土地归集体所有。作为我国农村所享有的一种土地权利，农村土地集体所有权可以根据农户的属性划分为以下几种类型：乡镇农民集体土地所有权、村农民集体土地所有权和行政村两个以上各自独立的农村集体经济组织土地所有权。其中，村农民集体土地所有权是集体土地所有权的基本形式。

在乡镇农民集体土地所有权下，土地权属于全乡镇的农民集体所有，使用单位主要包括乡镇企业、事业单位等，同时还可以归乡镇农民集体或者个人使用，这种权属的土地一般是由乡镇人民政府来代为管理。换言之，乡镇农民集体土地所有权是指由乡镇人民政府代为管理乡镇农民集体所有的土地。在村农民集体土地所有权下，土地归全体村民所有，而集体土地所有权的法定代表由村集体组织的法定代表人或者法人机关组成。对于行政村两个以上各自独立的农村集体经济组织而言，其对土地的所有权主要包括以往以生产队为体系的村民小组土地所有权。自我国实施家庭联产承包责任制以来，以生产队为规则的土地划分方式逐渐解体，但由于一些农村经济组织仍然保持以往生产队时期对土地权属划分的方式，因此不少地区建立起村民小组等农村经济组织，沿用以往的土地权属划分方式来界定土地的占有权、使用权、收益分红权等，在这种情况下，行政村两个以上各自独立的农村集体经济组织对一部分土地享有所有权。不难看出，多种权属的农村土地集体所有权，对我国农村土地所有权的明确划分有着一定的影响，随着现代农业的发展和农业现代化进程的不断加快，农村土地集体所有制所具有的产权主体缺位等弊端显现出来，由此带来农村土地流转不畅、农村土地利用效率低下等问题，因此对我国农村土地产权制度实施改革势在必行。

三 农村土地承包经营权

在农村土地产权中，农村土地的承包经营权主要指的是农村土地承包人依法享有所承包土地的占有权、使用权、收益权和处分权。从法律层面来说，农村土地承包经营权是每个农村集体经济组织内部成员所享有的一种法律赋予的长期、稳定的资格与权利。根据相关规定，我国农村耕地、林地以及草地的承包经营权期限分为 30 年、30 ~ 50 年以及 50 ~ 70 年几种。就权利而言，发包方依法享有发包、处理、监督以及法律法规规定的其他权利；就义务而言，发包方需要维护承包方对土地享有的经营权，同时需要为承包方提供必要的农业基础设施和农业服务等。农村土地的承包方，依法享有所承包土地的经营及流转的权利，同时在所承包土地被征用时，依法享有获取补偿的权利以及法律规定的其他权利；在义务方面，承包方需要履行保护土地、维持土地的农业用途等义务，以及法律法规规定的其他义务。作为农户最重要的财产权利，农村土地的承包经营权是农民开展农业生产生活的基础，因此，在保持农村土地承包经营权长期不变的前提下，需要进一步强化土地承包经营权的权利效能，更加有效地帮助农户获取更高的抵押融资收益，进而提高农户的财产收入。

四 农村土地经营权

2014年中共中央办公厅、国务院办公厅印发《关于引导农村土地承包经营权有序流转发展农业适度规模经营的意见》，指出要实行农村土地的所有权、承包权、经营权"三权分置"制度，同时还提出要稳步推进土地经营权抵押担保试点工作，通过对统一规范实施办法的研究，积极探索并建立农村土地经营权抵押贷款资产处置机制。"三权分置"制度是将农村土地的所有权、承包权和经营权分开，尤其是农村土地经营权从农村土地承包经营权中分离出来，权能更加具体，农户可以对土地经营权进行出租、转让等，在一定程度上提高了农村土地的价值评估效率。我国的《民法》《物权法》《农村土地承包法》对农村土地经营权进行了明确界定，农村土地经营权从本质上来说是一种用益物权，即农户或组织对通过合法手段获取的农业用地的占有、使用及收益的权利。作为一项民事权利，农村土地经营权是土地承包权的延伸和具体表现形式。因此，农村土地经营权是伴随着土地流转合同的存在而产生的，同时随着土地流转协议的终止而消失，具有一定的可变性。

从不同的角度来看，我国农村土地承包经营权与农村土地经营权存在以下不同之处。第一，农村土地承包经营权具有排他性，即民事权利中的物权属性，而农村土地经营权则代表农村集体组织中各成员权利的一部分。第二，农村土地承包经营权包括对农村土地的占有、使用及收益等多项权利，而农村土地经营权只包括所承包土地的权利及其他承包方式的优先权，即农村土地经营权的权利内容要少于农村土地承包经营权。第三，在法律上，对农村土地承包经营权的弃权认定规则及流程较为严格，当土地承包人要放弃土地承包经营权时，至少需要提前半年时间以书面形式通知弃权，否则将无法放弃土地承包经营权，而农户需要放弃土地经营权时，只需要承包方明确对方的放弃行为即可，总体来说，两种权利的放弃标准有所区别。第四，两种权利的继承方式有所区别。就农村土地承包经营权而言，由于承包方式多种多样，因此继承方式也较为复杂。以家庭承包为例，该种承包方式是无法继承的，若在土地承包期限内承包人死亡，则家庭中的其他成员可以继续承包土地；由于林地存在承包期限较长等特点，因此林地承包经营权是可以继承的。就农村土地经营权而言，其继承方式较为简单，在农村土地经营权的继承过程中，主要是以继承人的户籍性质为条件，继承者拥有农村集体户口则可以享受农村土地经营权的继承权，否则不享有继承权。

因此，在保持我国现行土地制度不变的前提下，实施农村土地"三权分置"制度，不仅是促进农村土地经营权从土地承包经营权中分离、加快土地流转的有效途径，同时还是有效解决农民融资贷款难问题的必然选择。结合已有研究成果及现行政策制度，本书认为农村土地经营权是农村土地经营者在有法可依、自主自愿的原则下，在家庭联产承包责任制下采用承包方式，以出租、转让等流转方式获取的土地经营权，同时享有对土地的占有、使用以及收益等各项权利。农村土地经营权从承包经营权中分离，是顺应我国农村土地制度改革、促进农村土地经营权有效流转、有效维护农户和新型农村经营主体权益的有效手段，在很大程度上促进了我国农村土地资源的合理配置。

五 农村土地经营权抵押贷款

在金融领域，抵押贷款是指借款方提供一定的产权属于自己、具有市场认可价值的抵押物作为担保，向银行等金融机构或者其他债权人抵押融资的经济活动。因此，农村土地经营权抵押贷款指的是在现行法律法规及政策允许下，农村土地经营权权利人在保证土地产权和土地承包经营权确权登记的前提下，依法将价值可评估、权属无争议的农村土地经营权作为抵押物，向金融机构申请贷款的行为。在发生农户或新型农业经营主体等贷款人不能按时履行贷款合同义务、出现违约风险时，金融机构等债权人有权按照法律法规的规定，对抵押的土地经营权进行处分，并对处分获得的价款拥有优先清偿权。

作为一种农村金融制度的创新形式，由于参与主体多种多样，因此，对农村土地经营权抵押贷款的界定，目前学术界并没有形成统一的认识。有学者提出，以流转方式获得的、具有一定规模效应的土地经营权是农村土地抵押贷款的标的物。农村土地经营权从农村土地承包经营权中分离出来，是一种农村土地制度的创新，因此农村土地经营权抵押贷款是农业相关经营主体以其获得的土地经营权作为抵押标的物，向金融机构申请抵押以获取贷款的途径。中国农业银行于 2014 年出台《中国农业银行农村土地承包经营权抵押贷款管理办法（试行）》，提出在不改变农村土地所有权、承包权性质以及农村土地农业用途的前提下，借款人可以将农村土地承包经营权及地上附着物作为抵押担保物，向农业银行申请办理借款业务。依据 2016 年中国人民银行联合多部门发布的《农村承包土地的经营权抵押贷款试点暂行办法》，结合试点地区有着地区特性的农村土地经营权抵押贷款管理办法，可以将农村土地经营权抵押贷款概括为农户或新型农业经营主体将其以家庭承包、土地流转、入股等各种方式获取的土地经营权作为抵押标的物抵押给金融贷款机构，银行等金融机构根据申请人的贷款条件向其发放贷款，如果贷款人无法按时履行本息偿还义务，银行等金融机构有权对申贷人所抵押的土地经营权进行处置。

六 农村土地经营权抵押贷款运行模式

所谓运行模式，指的是在系统内部各个组成部分之间存在相互联系，同时又彼此制约，在相互协调作用下，各个组成部分共同完成系统总体功能的一种综合体。农村金融机构通过开展农村土地经营权抵押贷款业务，可以在一定程度上实现农村金融市场需求与供给的平衡。所以，农村土地经营权抵押贷款运行模式的发展可以在一定程度上促进农村金融体系整体功能的有效发挥。

2008 年《意见》的出台，既为农村土地产权的改革提供了一条新的思路，同时又加快了农村金融产品的创新步伐。农村土地抵押贷款试点的逐步开展，使得农村土地抵押贷款这种新的贷款方式逐渐被金融机构接受和推广。随着农村土地经营权抵押贷款试点工作的逐渐开展，不同地区在土地经营权抵押贷款过程中，不断创新抵押物品范围、运行方式，也逐渐形成多种业务运行模式，为对比分析农村土地经营权抵押贷款模式奠定了基础。

整体而言，虽然不同运行模式下农村土地经营权抵押贷款的业务流程有所区别，所服务的对象也不尽相同，但可以将农村土地经营权抵押贷款划分为直接抵押、反担保抵押、联合抵押等几种形式。在农村土地经营权从土地承包经营权中分离的背景下，可以将农村土地经营权抵押贷款模式划分为"资产主导型"和"关系主导型"。由于不同地区之间的市场政策存在差异，再加上地方政府存在职能和制度方面的区别，也可以将农村土地经营权抵押贷款运行模式划分为"自下而上市场主导型"和"自上而下政府主导型"。根据需求及供给动力等方面的不同，可以将农村土地经营权抵押贷款模式划分为"农户需求推动型"、"政府供给推动型"和"金融机构供给推动型"等几种。

七 农村土地经营权抵押贷款运行效果

效果是某种动因或原因所产生的结果、后果，是在给定条件下各种因子叠加到特定事物上后所产生的系统性结果。在不同领域，目前并没有形成一个统一的、明确的概括性定义。从管理学角度来看，可以将效果理解为绩效，即效率和效益，但对于农村土地经营权抵押贷款的运行效果，目前尚未形成多维度的、系统性的解释和说明。管理学家彼得·德鲁克认为绩效即"直接的结果"。朴愚、顾卫俊在《绩效管理体系的设计与实施》一书中对绩效进行了界定，认为绩效可以用业绩和效率来表示，并通过将企业与绩效相关联，对绩效进行了解释与说明。他们认为，对于企业来说，业绩评价指的是对企业外部效益的评价，以及外部环境对企业所产生的影响，而效率评价则是指对企业内部效益进行的评价，以及企业内部投入资源所产生的效益。

就农村土地经营权抵押贷款而言，本书认为其运行效果指的是业务开展对农户及金融机构所产生的效果。对于抵押贷款需求者或参与主体来说，通过农村土地经营权抵押贷款可以促进农业生产活动，因此可以从农户响应、业务满意度以及农业收入变化等角度来考察农村土地经营权抵押贷款的运行效果。对于抵押贷款供给者来说，可以从金融机构运行效率、业务收益等角度来考察农村土地经营权抵押贷款的运行效果。

第二节　研究的理论基础

一　土地产权理论

作为宝贵的自然资源，土地资源的数量十分有限，有关土地产权的理论研究由来已久。有关土地产权的理论，马克思在其经典著作《资本论》中做过阐述，对土地所有权、使用权、收益权以及处分权等有十分详细的表述。作为马克思主义产权理论的重要组成部分，有关土地产权的相关阐述最终形成了马克思主义土地产权理论体系。

根据马克思主义的土地产权理论，土地产权主要是包括土地所有权，以及由此衍生出来的占有权、归属权、使用权、收益权、处分权等一系列权利的集合体。其中，土地所有权是土地产权最核心、最本质的部分，并且具有权利的排他性。因此，不同产权主体拥有不同的土地产权权利，产权主体之间必须有着清晰的划分，否则无法保证相应权利的实现，最终会导致产权纠纷的发生。

在土地产权理论中，土地产权具有专有性、明确性和可转让性。在土地经营权抵押贷款过程中，经营主体通过土地流转、承包、入股等方式依法获取土地的经营权，也就依法享有对土地产权的专有性。为了使农村土地的产权发挥作用，就必须明确土地产权的占有权、使用权、经营权以及收益权等多种权利，进而避免土地产权不清晰所造成的土地无效流转、土地经营权抵押贷款无效等情况出现。为了实现土地流转、优化土地资源配置，需要开展农村土地的市场交易，使土地产权具有可转让性。

二　制度变迁理论

（一）制度变迁的内涵

作为新制度经济学的代表人物之一，美国经济学家道格拉斯·C.诺斯提出了新经济史论和制度变迁理论，并重新发现了制度因素的重要作用。作为社会准则，制度是一种用来规范并约束主体行为的规则。制度的主要构成要素包括正式制约（比如法律）、非正式制约（比如宗教、习俗等）以及它们的实施，三者共同界定了社会的尤其是经济的激励结构。在经济社会的发展过程中，当制度不再适合经济社会的发展并需要打破以往的制度时，就产生了制度变迁。根据诺斯的制度变迁理论，可以用经济学中的成本与收益原理来理解，当在新制度下能获取比旧制度下更高的收益时，会迫使现有制度进行调整，进而逐渐演变成新的制度。因此，也可以将制度变迁理论理解为收益低的旧制度被收益高的新制度所替代的过程。不难看出，制度变迁的过程，是实现制度创新的过程，是对制度非均衡状态的一种响应，同时也是制度由非均衡状态向均衡状态动态变化的过程。

（二）制度变迁的理论基石

诺斯在《西方世界的兴起》一书中指出，制度因素是影响经济增长的关键因素，一种能够对个人提供有效激励的制度是保证经济增长的决定性因素，其中产权最具有代表性。《西方世界的兴起》重点在于阐述不同制度变革是如何导致不同的经济绩效，而没有完成对制度变迁理论的完整构建。在《经济史中的结构与变迁》一书中，诺斯提出了制度变迁的三块基石：第一，描述一个体制中激励个人和集团的产权理论；第二，界定实施产权的国家理论；第三，影响人们对客观存在变化的不同反应的意识形态理论。对于产权结构而言，依靠产权结构创造高效率的市场、依靠产权结构推动技术进步是制度变迁的重要动力。对于国家而言，福利及效用最大化的国家具有几个基本特征：一是国家为获取收入而利用公正的服务作为交换；二是为使国家利益最大化而将选民划分为各个集团并为其设计产权；三是国家存在内部潜在竞争者和外部竞争者。在意识形态方面，诺斯的制度变迁理论突破了古典理论关于个人主义的功利性假设，指出变迁和稳定是在一定意识形态下产生的，这也就解释了新古典理论中个人主义理性计算所产生的偏差问题。

（三）制度变迁的形式

在熊彼特组织创新理论的启发下，诺斯和戴维斯认为决策单位是制度变迁的主体，并将制度变迁主体划分为初级行动团体和次级行动团体。依据该理论，可以将制度变迁的推动主体划分为政府主体和微观主体两种，其中微观主体包括个人和团体。在制度变迁中，政府考虑的因素主要包括社会的整体利益以及政治层面的成本。对微观主体而言，其主要考虑的是个人层面的利益，包括如何提高收入、提升个人效用等。无论是哪类推动主体，只有当新的制度可以为其带来更高收益时，才会使其产生改变旧制度的动力。

根据对制度变迁中推动主体的划分，可以将制度变迁划分为强制性制度变迁和诱导性制度变迁。对于微观主体而言，其自发行动的制度变迁被称为诱导性制度变迁，为了获取更多利润，微观主体自发组织实施制度变迁并逐步推广。诱导性制度变迁具有自发性、渐进性等特点。在政府的自觉行动以及强制性推进下所产生的制度变迁被称为强制性制度变迁，在变迁的过程中，政府通常以法律法规等形式推广制度的变迁。与诱导性制度变迁相比，强制性制度变迁有着变迁成本低、规模效益明显、速度快、变革彻底等特点。因此，诱导性制度变迁是自下而上开展的，而强制性制度变迁是自上而下开展的。

两种制度变迁形式既存在很多共同之处，同时存在较多差异。在现实中两者往往是相互联系、相互制约并互为补充的，在两者的共同作用下推动经济社会的制度变迁。诱导性制度变迁更容易得到认可，因此更有利于制度的实施，但与此同时，由于该种制度变迁是自下而上的自发性质的变迁过程，因此会面临外部性和搭便车等诸多风险，制度变迁的成本过高、动力不足且过程漫长。因此，在诱导性制度变迁过程中无法实现最优的制度供给，需要国家以法律法规等形式来弥补这些缺陷。在此背景下，强制性制度变迁就可以发挥其优势。所以，不同制度变迁具有各自的优劣势，只有将两种制度变迁形式有效结合，才能满足经济社会对制度的需要。

三　信贷担保理论

长期以来，在贷款融资过程中金融机构容易受到信用度和信息不对称等问题的影响，为了防范贷款融资过程中的违约风险，金融机构普遍采用抵押贷款或第三方担保贷款等方式，并进一步明确担保违约责任。有关信贷担保问题的研究起步较晚，直到 20 世纪 70 年代，随着博弈论和信息经济学的发展，贷款融资过程中的信息不对称等问题才逐渐引起了经济学家和金融学家的重视与关注。其中，新凯恩斯主义代表人物乔治·阿克洛夫在其著名文章《柠檬市场：质量的不确定性和市场机制》

中对信息不对称的后果进行了说明，同时提出担保是解决信息不对称问题的有效机制之一。有学者研究认为，信贷担保可以促使贷款人履行合约，减小违约风险，主要原因包括以下两个方面。一方面，信贷担保可以约束贷款人的担保物，促使贷款人为了避免担保物出现价值损失而积极履行信贷合约；另一方面，在信贷担保的作用下，债权人拥有对贷款人担保物的处置权，进而保证贷款人积极履行贷款义务。学术界还提出了信贷担保市场的逆向选择理论，该理论指出，在信息不对称的借贷市场中，债权人能利用信贷担保及贷款利率激励等方式来促进贷款人最大限度地将资金用来发展项目。

根据信贷担保理论，债权人可以在一定程度上利用担保抵押物了解贷款人的信用情况，一方面可以避免信息不对称所带来的借贷风险，另一方面还可以清楚地了解贷款人的还款能力。在农业金融领域，由于抵押物评估机制不健全、农民抵押物缺乏等因素的影响，农民信贷状态不佳，而作为信贷金融机构，银行为了维护信贷资金的安全、降低信贷违约风险，往往需要农民或经营主体提供更有价值的抵押物来做贷款担保，在这种循环下，农民贷款难、金融机构放贷市场不流畅等尴尬局面出现了。随着农村土地"三权分置"制度的实施，土地经营权从土地承包经营权中分离出来，促进了土地流转，为农户提供了更多可担保的抵押物，在此背景下，银行等金融机构对农户的信用信息以及偿还能力有了更具体的评估，进而促进了农村信贷担保业务的顺利开展。

四　借贷行为理论

农户在生产经营过程中面临资金短缺时，采用借贷方式向正规金融机构以及非正规金融机构获取所需资金的行为即为农户借贷行为。李延敏在《中国农户借贷行为研究》一书中从纵向（历史、现状、未来）和横向（不同类型农户）两个层面系统分析了中国农户借贷行为的特征，认为中国农户借贷行为出现了分化现象，呈现层次性特征；根据借贷特征，可以将农户的借贷类型分为被动、保守和主动三种；整体而言，我国农户未来的借贷意愿呈现下降趋势。与此同时，李延敏（2010）还提出了适应不同借贷行为特征的农村金融体制改革的政策建议。作为农户较为重要的一种行为方式，借贷行为对农户的生产生活有重要影响，通过资金借贷可以有效改善农户的生产经营状况、提高收入水平和福利水平。同时，农户借贷行为可以直接影响农户的生产经营规模，进而提高农户的经济水平。当农户出现生产资金不足的情况时，其首先会考虑用非农收入来弥补资金不足，当非农收入也不足时才会考虑寻求信贷资金的支持。在借贷行为过程中，由于债权人与借贷人之间信息不对称等因素的影响，农户的借贷行为受到限制。因此，需要通过土地制度改革，提高借贷行为过程中农户信息的透明度，缓解信息不对称问题引起的农户贷款难问题，金融机构通过放宽信贷过程中的约束条件，提升农户贷款的可得性。

五　福利经济理论

作为现代西方经济学理论的重要概念，福利经济又被称为社会福利。在不同历史时期学者们对其进行了不同的解释，认为福利经济是由国家和各种社会团体提供的各种公共福利设施、补助、津贴、社会服务等。福利经济学对国家提供社会福利的必要性及政府采取政策措施的必要性进行了论证，并为国家是否建立福利经济体制提供了理论依据。在农业领域，福利经济理论为农业保险的实施提供了理论依据，并逐渐形成了由否定社会救济制度到主张国家提供福利的动态变化过程。在西方福利经济理论的发展过程中，学者们进行了激烈的争鸣与论辩。以庇古为代表的古典福利经济理论、以帕累托为代表的新福利经济理论、以凯恩斯为代表的有效需求理论，在如何实施社会保障制度改革，如何建立公平、有效、具有可持续性的社会保障制度方面，以及在方案设计与实际操作层面都存在着激烈的争论。因此，如何系统深入地分析各种社会保障理论，科学准确地辨析各种制度的相对优势，澄清理论认识上的偏差，对于顺利推进我国社会保障制度改革无疑有极为重要的理论和现实意义。

作为古典福利经济理论的创立者，庇古认为社会经济福利在很大程度上受到国民收入总量和国民收入在社会成员之间分配情况的影响。古典福利经济理论认为，国民收入总量越大，社会经济福利就越大；国民收入的分配越平等，社会经济福利就越大。换言之，社会福利最大化的必要条件是资源的最优配置以及收入的最优分配，同时促进收入均等化的政策措施也可以使社会福利得到提升。以帕累托为代表的新福利经济理论认为，社会福利的核心是经济效率而不是公平，即如何达到社会的最优状态是社会福利的核心。新福利经济理论认为，福利是一个相对模糊的概念，具有主观性，难以度量。相对而言，新福利经济理论没有充分考虑收入分配对社会福利的影响，因此无法有效解决人与人之间的直接矛盾。在此基础上，以伯格森、萨缪尔森等为代表的社会福利函数学派提出，帕累托最优状态虽然解决了经济效率问题，但并没有解决分配的问题，即经济效率是促进社会福利最大化的必要条件，而合理分配才是提高社会福利的充分条件。以凯恩斯为代表的有效需求理论认为，评判福利国家的标准是充分就业和收入的再分配，在其国家干预经济思想的影响下，社会保障制度成为国家垄断资本主义的一个重要组成部分。通过上述对各种社会福利经济理论的分析不难看出，福利经济理论的最终目的是实现最高的社会经济效率和公平的收入分配，依据福利经济理论可以有效地制定合理的社会福利经济政策措施，进而带来经济稳定效应、收入分配效应以及经济增长效应，最终实现社会经济福利的最大化。

六　金融资源效率理论

有关金融属性的理解，目前并没有形成统一的认识。以白钦先为代表的金融资源学说认为，金融是一种集自然资源与社会资源为一体的、对经济社会发展具有战略性意义的、货币化的社会资源，是社会财富的索取权，金融资源与社会资源、经济资源同处于一个复杂的巨系统之中。崔满红（1999）对金融的内涵进行了深入探讨与归纳，并提出应正确理解金融的资源属性等观点。因此，可以将金融的基本属性理解为一种特殊资源。在经济学研究领域，有关效率的定义会随着行业的不同而出现变化。但普遍认为，效率是对资源有效配置程度的一种考量，经济学中常用投入产出比来表示效率。在西方主流经济学领域，分析金融与经济发展时，大多是将金融资源如何有效减少交易成本与信息成本从而提高金融资源配置效率作为主要的研究方向之一。在经济新常态下，提高金融资源的配置效率是实现现代经济跨越式发展的重要手段。因此，如何把金融资源通过有效的配置方式分配到经济社会发展的诸多系统中去，是金融资源效率理论需要解决的本质问题，其中，提高金融资源的配置效率是核心，合理配置是关键，这些均关系着经济的协调和可持续发展。

近年来，有关金融资源配置的研究逐渐引起了国内学者的关注。在金融资源配置相关理论研究的基础上，与金融资源效率相关的理论研究逐渐开展起来。王广谦（1997）认为金融资源效率就是金融的运行能力。周国富等（2007）从宏观和微观视角对金融资源效率进行了深入分析。杨德勇（1999）从金融要素投入产出视角研究了金融效率，指出金融资源效率即金融资源在经济运行过程中的效率。在金融资源配置理论研究方面，杨涤（2011）在白钦先金融资源学说的基础上，重点分析了金融资源配置的主体、目标、度量以及配置机制等，并积极探索了金融资源配置与社会经济如何协调发展等问题。李季刚等（2010）通过 DEA 法整体分析了我国农村金融资源配置效率问题，并采用 Tobit 回归模型分析了影响农村金融资源配置效率的因素。多个学者通过建立投入产出指标，利用主成分分析法、因子分析法等方法对投入产出综合值进行测算，进而分析金融资源效率。不难看出，目前对金融资源效率的理论研究已较为成熟，如何进行生产要素的最优化配置、达到产出效益的最大化，成为金融资源效率理论需要解决的重点问题。

七 商业银行效率理论

在我国多元化的银行体系中，商业银行等服务型企业以经营货币资产等业务为主，随着金融业的快速发展，我国商业银行开始实施股份制改革，所面临的竞争越来越激烈。因此，有关商业银行效率的问题逐渐被人们关注。作为商业银行经营管理过程中主要的目标之一，运行效率成为商业银行竞争力的集中体现。一方面，商业银行的效率是其经营效果的直接反映；另一方面，效率也是商业内在质量的重要体现。因此，在开展商业银行效率的相关研究时，不仅需要对其投入产出、成本收益等进行考量，同时还需要重点关注其竞争能力、盈利能力以及可持续发展能力等，包括商业银行对金融资源的配置水平。国外学者开展商业银行效率研究时，在宏观层面，主要从产权理论、金融发展理论、金融结构理论以及金融创新理论等角度展开探索；在微观层面，主要关注范围效率、规模效率以及 X 效率等方面。相较而言，我国有关商业银行效率的研究较少。随着经济的快速发展，商业银行逐渐在我国金融体系中占据非常重要的地位，但由于经济体制等诸多因素的影响，我国商业银行存在创新不足、管理水平较低、竞争能力较弱等问题。因此，有必要在确保我国商业银行安全性、流动性、盈利性的基础上，探索适应我国商业银行发展的市场服务、信息处理和经营管理机制，促进经济资源在商业银行业务中最大限度地合理流动和高效配置，使商业银行能更加有效地配置其所拥有的金融资源。

当商业银行进行金融资源配置时，需要实现资金的低投入和高产出，通过尽可能少的资源投入实现产出的最大化，同时需要做好资产配置和风险管控，从而实现利润的最大化。对商业银行进行效率测算时，通常采用财务分析法和前沿分析法。利用财务分析法，可以对商业银行的成本绩效、资产配置以及信用风险指标进行测算；利用前沿分析法，可以分别通过参数分析及非参数分析方式对经营效率进行测算，参数分析法是一种较为常见的随机前沿分析法，非参数分析法以包络分析法为代表。根据国家财政部门的分析指标，商业银行效率主要体现在资本充足率、流动比率、资产负债率、不良资产比率、净资产收益率以及资产收益率等方面。利用包络分析法进行商业银行效率测算时，通常利用综合效率、规模效率以及纯技术效率等指标来开展。

第三节　理论分析框架

农村土地经营权抵押贷款相关政策的制度变迁过程，必将对农户和金融机构等主要参与主体产生重要影响。根据经济学理论，在开展农村土地经营权抵押贷款业务时，需要以实现供需双方效用的最大化为基础，进而实现农村土地经营权抵押贷款业务的可持续发展。因此，应研究如何有效降低农户抵押贷款的限制条件、提升农户抵押贷款的可得性并不断增加农民收入，不断提高金融机构的业务效率和收益，进而推动农村土地经营权抵押贷款后续业务的开展。在科学评估供需双方运行效果的基础上，制定合理的农村土地经营权抵押贷款政策措施，以实现供需双方利益最大化为目标，积极推动农村土地经营权抵押贷款业务的可持续发展。

一　需求侧农村土地经营权抵押贷款运行效果分析框架

（一）需求侧参与主体

根据经济学的定义，需求表示的是在一定的时期、一定的价格水平下，消费者愿意并且能够购买的商品或服务的数量，也可称之为需求量。凯恩斯理论认为，当社会的总需求和总供给处于平衡状态时，这时的总需求就被称为有效需求。因此，在农业现代化、规模化发展过程中，农村对金融的需求可以理解为需求主体在特定时期内对一定交易成本的农村金融产品或服务的消费数量。在农村经济发展过程中，农村土地经营权抵押贷款作为一款农村金融产品，结合农村土地经营权的权利人类型，可以将其需求参与主体区分为普通农户和新型农业经营主体。

需求侧的普通农户主体，主要包括从事农业生产劳动及开展小规模经营的农户。根据普通农户的收入水平，可以将其划分为贫困型农户、维持型农户及富裕型农户几个类别。其中贫困型农户主要指基本生活无法得到有效保障或者基本生活能勉强维持的农户，该类农户在农业生产过程中不仅缺乏生产性资金，同时生活资金也很匮乏，政府或相关机构往往会利用扶贫资金、援助资金对其进行一定的生产生活补助。在家庭收入水平很低的背景下，该类农户对金融贷款的需求一般较为强烈，因此成为正规金融机构重点发展的贷款对象，但由于该类农户抵押物匮乏、信贷风险较大，金融机构对其放贷的要求也会较为严格。维持型农户主要指的是能维持基本生产生活的农户，在其有较大规模的生活消费支出时，比如重大疾病、婚丧嫁娶或者子女就学等，或者在其需要简单地扩大再生产时，该类农户会采取金融贷款等方式来快速获取资金。该类农户具有较强的负债观念和较高的信誉度，因此较容易获得金融机构的贷款资金。富裕型农户主要指的是具有专业生产能力的农户，为了更好地进行农业生产，该类农户往往有着较大的资金需求，但由于缺少较有价值的金融贷款抵押物，其在正规金融机构的贷款金额审核过程中会受到限制，影响贷款额度，资金需求无法得到有效满足。

中共中央办公厅、国务院办公厅于 2017 年 5 月 31 日印发并实施的《关于加快构建政策体系培育新型农业经营主体的意见》指出，培育新型农业经营体系是指大力培育发展新型农业经营主体，逐步形成以家庭承包经营为基础，专业大户、家庭农场、农民合作社、农业产业化龙头企业为骨干，其他组织形式为补充的新型农业经营体系。专业大户指主要从事某种单一农业生产的、生产规模大于分散经营农户的、专业度较高的农户；家庭农场指的是以家庭成员为生产主体的企业化经营单位，具有法人性质，该类农户并不是从事初级的农业生产，其产业化、专业化、集约化程度较高；农民合作社指的是农户之间通过土地、资金、技术、劳动力或其他生产资料相互合作的经营联合体，作为一种互助性质的农业生产经营组织，其一般规模较大、专业化水平较高；农业产业化龙头企业指的是农业种植、加工、仓储、物流、销售甚至科研等组织化、专业化程度较高的，涵盖整体农业产业链条的新型农业经营主体。随着新型农业经营主体的不断发展，其对生产经营过程中的资金需求不断增加，农村土地经营权抵押贷款为该类主体提供了一种缓解资金困难的有效途径。

（二）需求侧运行效果

国家积极推进农村土地经营权抵押贷款试点工作，一方面是通过抵押贷款提高农民参与农村经济发展的积极性，另一方面是通过抵押贷款有效解决农户融资难的问题。在开展农村土地经营权抵押贷款业务过程中，可以通过农户在抵押贷款过程中的参与度、贷款的可得性、农户的满意度以及家庭福利变化等角度来考察需求侧运行效果。由于不同地区在开展农村土地经营权抵押贷款业务时存在一定的差异，因此会对不同地区的运行效果产生一定的影响，这就需要从更加客观的角度来对需求侧运行效果进行评价，本书主要通过农户对农村土地经营权抵押贷款业务的满意度以及该业务对农户增收的客观影响等方面来进行考量。

作为一种农村金融制度的创新，农户对农村土地经营权抵押贷款的满意度是衡量制度创新效果的重要因素。农户在参与农村土地经营权抵押贷款业务时，会对业务所带来的价值与收益进行衡量，一方面是贷款成本与预期收益对农户产生的影响，另一方面是农户对该业务的满意度。满意度是农户对农村土地经营权抵押贷款服务与价值的主观评价，也是农户对农村土地经营权抵押贷款业务的认可程度。农户参与农村土地经营权抵押贷款的根本目的是获取金融资金并实现自身利益的最大化，因此抵押贷款对农户家庭收入的影响，最能直观地反映抵押贷款业务的运行效果，同时也是衡量抵押贷款业务惠农效果的重要因素。

二　供给侧农村土地经营权抵押贷款运行效果分析框架

（一）供给侧参与主体

农村土地经营权抵押贷款作为一款农村金融产品，是对我国农村土地产权制度的一种突破与创新，在国家政策措施的引导下，越来越多的地区开始了试点工作，因此该项业务的供给侧参与主体主要是一些正规金融机构。目前，开展农村土地经营权抵押贷款的正规金融机构主要有中国农业银行、农村商业银行以及其他涉农的正规金融机构。

作为中央管理的大型国有银行，中国农业银行是我国金融体系中的一个重要组成部分，同时也是农业领域开展农业金融信贷、结算业务的大型现代化商业银行，在我国农业发展过程中起着重要的金融支农作用。为进一步适应农村改革发展的需要，同时为了规范农村土地经营权抵押贷款业务，中国农业银行于2014年出台了《中国农业银行农村土地承包经营权抵押贷款管理办法（试行）》，标志着其农村土地经营权抵押贷款业务正式开始。

农村商业银行指的是由辖区内的农民、农村工商户、企业法人以及其他经济组织共同入股组成的股份制的地方性金融机构。近年来，农村合作银行经过商业化制度改革逐渐演变成目前的农村商业银行。作为金融支农的重要组成部分，农村商业银行在农村金融领域的业务范围逐渐扩大，同时推出诸多的农村金融产品。目前，越来越多的农村商业银行开始开展农村土地经营权抵押贷款业务，并成为农村土地经营权抵押贷款的主力军。

（二）供给侧运行效果

对于金融机构而言，在开展农村土地经营权抵押贷款业务过程中，其首先考虑的是效益问题，即农村土地经营权抵押贷款业务能给自身带来的收益与回报，以及获得的效益是否可以支持业务的持续发展。通常情况下，农村金融产品的服务对象主要是农户等需求主体，由于这类需求主体存在抵押资质不足、抵押物缺乏、还款能力较弱等特点，金融机构在开展相关业务时，需要充分考虑业务的风险以及回报率。在较大风险及低回报率的影响下，金融机构开展农村土地经营权抵押贷款时，会更倾向于将金融资本投入安全性更高、收益更大的其他金融产品上。因此，为了促进农村金融机构积极开展农村土地经营权抵押贷款业务，在对农村土地经营权抵押贷款供给侧运行效果进行评价时，需要对金融机构开展农村土地经营权抵押贷款业务的效果进行考量，同时需要对金融机构相关业务的前景以及未来发展情况进行评价与分析。

在对金融机构运行效率进行分析的同时，由于农村土地经营权抵押贷款是一种金融服务产品，因此，金融机构的从业人员对该业务的认可度及其对前景的预测也是需要考虑的重要因素。在商业银行的管理制度中，为了积极开拓金融产品、大力开展金融贷款业务并积极规避信贷风险，金融机构往往实行较为严格的信贷员问责制度，而信贷员对其发放的贷款有一定的决策权甚至是独立决策权，在问责制度下，不仅信贷员需要负责收回其发放的贷款，同时金融机构会对其发放贷款的收回质量进行评估，并将其与信贷员的经济利益挂钩。因此，在开展农村土地经营权抵押贷款业务的过程中，农村金融机构的信贷员或客户经理对业务运行效果的满意度评价可用于分析供给侧运行效果。因此，本书将从客户经理角度分析农村土地经营权抵押贷款供给侧运行效果。

三　理论分析框架

作为一项金融活动和社会活动，抵押贷款必然会对债权人及债务人产生重要影响。农村土地经营权抵押贷款业务作为农村金融的一项创新，只有在普通农户和新型农业经营主体等需求侧主体、正规金融机构等供给侧主体的共同积极参与下，才能保持正常运行，所以在对农村土地经营权抵押贷款业务运行效果进行考量时，需要考虑借方以及贷方的业务可持续性问题，而且应该以实现双方效果的最大化为基础。因此，在考察农村土地经营权抵押贷款运行效果时，需要对需求侧及供给侧双方的运行效果进行综合考量。

普通农户和新型农业经营主体通过农村土地经营权抵押贷款业务，可以得到生产经营所需的贷款资金，有效缓解资金困难。因此，对于需求侧而言，农户是否增收成为农村土地经营权抵押贷款业务最主要的影响因素。农户对农村土地经营权抵押贷款业务的满意度，则是农户是否愿意长期参与贷款业务的主要影响因素，因此，农户对业务的满意度评价也就成为衡量需求侧运行效果的重要因素。在对供给侧运行效果进行考察时，需要充分考虑金融机构开展抵押贷款业务的运行效率，以及金融机构通过抵押贷款业务所能获得的收益。与此同时，由于银行客户经理对农村土地经营权抵押贷款业务具有一定的决策权甚至是独立决策权，且业务量与其经济利益相关联，因此客户经理对抵押贷款业务前景的预测及其对业务运行效果的满意度是有效衡量供给侧运行效果的重要因素。在对农村土地经营权抵押贷款运行效果进行分析时，为了确保对运行效果的评价更加全面和准确，需要利用系统化、科学化、计量化的分析方法对需求侧与供给侧的运行效果进行综合分析。

在土地产权理论、制度变迁理论的基础上，依据农村土地产权制度以及农村金融制度，本书将从农村土地经营权抵押贷款需求主体和供给主体的视角出发，开展农户对农村土地经营权抵押贷款业务的满意度评价、农村土地经营权抵押贷款对农户家庭收入的影响评价、金融机构开展农村土地经营权抵押贷款业务的运行效率评价、银行客户经理对农村土地经营权抵押贷款运行效果的满意度评价等相关研究，分别对需求侧运行效果、供给侧运行效果及其影响因素进行综合分析，总结农村土地经营权抵押贷款业务的优势与不足，并就如何有效提升农村土地经营权抵押贷款运行效果提出政策建议与措施。本书有关农村土地经营权抵押贷款运行效果的理论分析框架如图2-1所示。

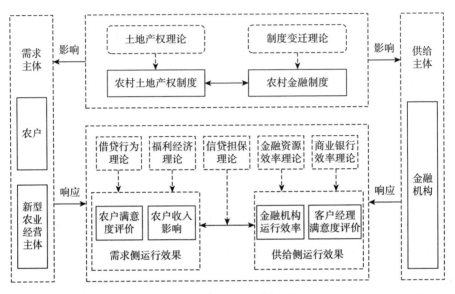

图2-1 农村土地经营权抵押贷款运行效果的理论分析框架

第四节 本章小结

本章首先对农村土地产权、农村土地所有权、农村土地承包经营权、农村土地经营权、农村土地经营权抵押贷款、农村土地经营权抵押贷款运行模式及运行效果等概念进行了界定，从而明确了本书的研究范围。其次，由于农村土地经营权抵押贷款受到土地产权制度、农村金融制度、信贷风险、农户借贷行为及福利变化、金融效率等诸多因素的影响，因此，本章对土地产权理论、制度变迁理论、信贷担保理论、借贷行为理论、福利经济理论、金融资源效率理论、商业银行效率理论等相关理论进行了梳理，并将其作为构建本书理论分析框架的基础。通过对有效开展农村土地经营权抵押贷款业务内在因素的深入挖掘，为提升农村土地经营权抵押贷款运行效果提供理论支撑与现实借鉴。最后，构建了本书的理论分析框架。分析认为，在农村土地经营权抵押贷款业务开展的过程中，必须有需求侧参与主体及供给侧参与主体的共同参与，所以有必要对农村土地经营权抵押贷款需求侧参与主体、供给侧参与主体以及需求侧运行效果、供给侧运行效果进行理论分析，并分别从农户对农村土地经营权抵押贷款业务的满意度、农村土地经营权抵押贷款对农户家庭收入的影响、金融机构开展农村土地经营权抵押贷款业务的运行效率、银行客户经理对农村土地经营权抵押贷款的运行效果的满意度评价等方面对供需双方的运行效果进行综合分析。

| 第三章 |

吉林省农村土地经营权抵押贷款
运行现状及问题分析

　　第二章对农村土地经营权抵押贷款的相关概念进行了界定，对相关理论进行了梳理，并提出了本书的理论分析框架。本章将根据业务开展过程中参与主体的不同，对农村土地经营权抵押贷款运行模式进行分析，回顾吉林省农村土地经营权抵押贷款业务的运行历程，梳理典型案例地区的运行情况，总结吉林省农村土地经营权抵押贷款业务运行过程中存在的问题，进而为评价吉林省农村土地经营权抵押贷款运行效果、提出相关政策建议与措施提供依据。

第一节　农村土地经营权抵押贷款运行模式分析

　　随着农村土地经营权抵押贷款试点工作的逐步开展，不同地区在土地经营权抵押贷款过程中，不断扩大抵押物品范围、创新运行方式，逐渐形成多种业务运行模式。根据业务开展过程中参与主体的不同，可以将农村土地经营权抵押贷款运行模式划分为"农户+地方政府+金融机构""农户+村委会+金融机构""农户+土地合作社+金融机构""农户+农业合作社+金融机构"等几类。

一 "农户+地方政府+金融机构"运行模式

"农户+地方政府+金融机构"运行模式的形成是我国农村土地金融制度构建过程中有着里程碑意义的事件，其中贵州省湄潭县是实施该模式的典型代表。

（一）"农户+地方政府+金融机构"运行模式的经验

首先，成立土地金融公司。贵州省湄潭县在国家及地方政策的支持下，专门成立了从事农村土地经营权抵押贷款的金融机构，以县政府财政资金为注册资本建立土地金融公司。根据规划，土地金融公司在保本微利的基础上开展农村土地经营权抵押贷款业务。土地金融公司得到国家及地方政府财政支持，因此具有成本低、政策主导性强等特点。

其次，地方政府积极推动农村土地经营权抵押贷款制度建设。在湄潭县政府的努力下，依靠政府信用和影响力有效降低了农村土地经营权抵押贷款制度的建设成本，同时有效降低了农村土地经营权抵押贷款的风险。

最后，增加了农村贷款融资的抵押物种类。对于农户而言，农村耕地是其赖以生存的重要物资，因此农户对耕地有较强的依赖性。与之相反，一些非耕地资源对农户而言并没有较强的保障作用。因此，湄潭县尝试以非耕地资源为贷款抵押物，既增加了农户贷款融资的抵押物种类，同时有效降低了农村土地流转的社会风险。

（二）"农户+地方政府+金融机构"运行模式的不足

在该模式试点的初期，农村土地经营权抵押贷款工作取得了一定的成绩，但由于政策制度不完善，到1997年该模式取消时，湄潭县成立的土地金融公司出现了500多万元的不良贷款记录，在无法正常运营的情况下被政府强制撤销。

首先，土地金融公司受制于中央政府及地方政府，具有政策性和盈利性的双重经营目标。在多重干预的影响下，土地金融公司的业务重心出现严重偏移，运营资金沉淀、运行效率低下，经营和管理陷入困境。

其次，土地金融公司在政府资金支持不足的情况下，需要依靠贷款或同业拆借等方式来维持运营，资金来源单一、资金运作稳定性不足、成本费用高昂等导致其市场化竞争力不足。

最后，对贷款业务的风险评估不足。一方面，金融公司的风险控制机制不健全，缺乏对业务风险的有效论证；另一方面，贷款发放受到地方政府的行政干预，使得农村土地经营权抵押贷款难以收回。

二 "农户+村委会+金融机构"运行模式

作为"农户+村委会+金融机构"运行模式的典型代表，山东省寿光市曾于2009年颁布实施《农村土地承包经营权抵押借款暂行办法》，并规定了寿光市开展农村土地经营权抵押贷款业务的具体内容。相关业务的主要流程如图3-1所示。

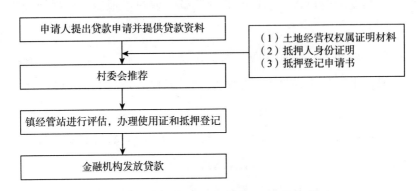

图3-1 寿光市农村土地经营权抵押贷款流程

(一)"农户+村委会+金融机构"运行模式的经验

首先，由于村委会能较为全面地掌握农户信息，因此有效降低了金融机构的交易成本和监督成本。

其次，在具体试点过程中，寿光市制定规则，要求农户在未能正常偿还抵押贷款时，授权村委会将土地向本村土地流转家庭进行定向推荐，从而有效降低了金融机构不易处置土地的风险，同时又能保证土地在村集体的有效流转。

（二）"农户＋村委会＋金融机构"运行模式的不足

与周边其他地区相比，寿光市具有农业生产经营水平较高、管理制度较完善等优势，因此农村土地经营权抵押贷款风险发生的概率较低。但不可否认的是，在农业生产过程中一旦发生贷款风险，较小额度的风险补偿并不能有效弥补金融机构所承担的风险。

三 "农户＋土地合作社＋金融机构"运行模式

宁夏同心县是"农户＋土地合作社＋金融机构"运行模式的典型代表，土地合作社作为农户和金融机构之间的中介，负责开展农村土地经营权抵押贷款过程中的具体工作。在该模式中，农户将土地经营权抵押给土地合作社，而不是抵押给信用社，因此在整个抵押过程中，农户并不是直接与金融机构产生抵押与被抵押的关系，在一定程度上对土地经营权抵押贷款业务起到约束作用。该模式的主要流程如图3-2所示。

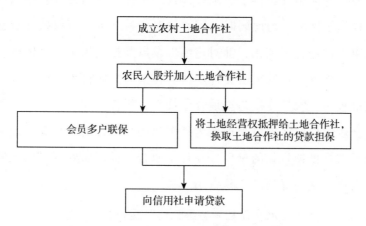

图3-2 同心县农村土地经营权抵押贷款流程

（一）"农户＋土地合作社＋金融机构"运行模式的经验

首先，有效降低了用户丧失土地产权的风险。在宁夏同心县抵押贷款试点中，将农户丧失土地产权的风险控制在了一定范围内。第一，在该模式下农户将农村土地经营权而不是农村土地承包权作为抵押物向金融机构申请贷款。土地承包权是法律赋予农户的一种长期稳定的权利，而土地经营权因农村土地流转协议的存在而存在，同时也会随着土地流转协议的取消而消失。在业务开展过程中，农户与土地合作社签订的是土地经营权抵押承诺协议。第二，同心县在保持农民土地承包权不变的基础上开展土地经营权抵押贷款业务，当出现农户贷款风险时，农户的土地经营权会流转至土地合作社，当农户还清贷款及利息后，其土地经营权就可以被赎回。第三，农户仅利用了部分土地经营权进行抵押贷款，因此当出现农户贷款违约时，只会导致农户部分土地经营权的流转，而不会影响农户基本的生产生活。

其次，加强抵押贷款风险控制。在"农户＋土地合作社＋金融机构"运行模式下，农户与土地合作社签署土地经营权抵押入股协议，该方式使农村信用社获得了土地合作社的担保，从而为有效控制抵押贷款风险提供了保障。与此同时，同心县对农村土地经营权抵押贷款合同以及约束条件进行了细化，针对违约以及风险控制提出了具体措施。

最后，服务农户的范围更加广泛。在同心县农村土地经营权抵押贷款试点过程中，农户直接与土地合作社签订抵押合同，这在一定程度上打消了金融机构对将农村土地作为抵押物的顾虑，同时减弱了金融机构对小规模农户抵押贷款的排斥，并且土地合作社已做好了对小规模农户的审查工作，从而降低了交易费用。

（二）"农户＋土地合作社＋金融机构"运行模式的不足

首先，法律法规风险。根据我国《担保法》的规定，承包的四荒地使用权，村镇企业厂房用地范围内土地的使用权，以及村集体所拥有的耕地、宅基地、自留地等土地的使用权不能作为抵押物。同心县在开展农村土地经营权抵押贷款试点工作时，农户与土地合作社签署的协议是一种土地经营权抵押协议，从法律角度而言，是违反相关规定的。因此，在产生违约风险时，会因得不到法律法规保护而造成巨大损失。

其次，土地合作社的法律地位问题。法律法规对农村土地经营权的入股形式是认可的，但作为农村土地经营权抵押贷款过程中的担保方，土地合作社的身份在得不到法律认可时，会导致抵押贷款行为失去法律效力。

最后，法律约束力不够。由于土地合作社仍属于小范围地区内的民间组织，并不具备法人资格，因此在出现大范围贷款违约时，会导致法律约束力的缺失。

四 "农户 + 农业合作社 + 金融机构"运行模式

辽宁省法库县是"农户 + 农业合作社 + 金融机构"模式的典型代表。在该模式下，法库县农户在村委会的组织及引导下，以土地经营权入股并与其成立农业合作社，农业合作社以农户入股的土地经营权作为抵押物向金融机构申请贷款。该模式的主要流程如图 3 - 3 所示。

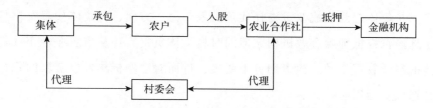

图 3 - 3　法库县农村土地经营权抵押贷款流程

（一）"农户 + 农业合作社 + 金融机构"运行模式的优点

首先，多方位降低农户丧失土地的风险。在该模式下，法库县将农户土地的经营权作为抵押物，保证了农户的土地承包权。根据法库县出台的政策，农户用作抵押的土地经营权面积不得超过所承包土地面积的七成，剩余的三成用来保障农户基本的生产生活，同时对农户抵押贷款的期限做了规定，要求不得超过 5 年，从而降低了抵押风险。

其次，政府提供政策制度保障。第一，法库县在不改变农村土地所有权性质、不改变农村土地使用用途、不损坏农户基本利益等前提下，制定了《法库县农村土地承包经营权抵押贷款指导意见》《法库县农村土地承包经营权抵押贷款管理暂行办法》等政策措施，为土地经营权抵押贷款业务的开展提供强有力的政策支持与制度保障。第二，加强土地流转平台建设。法库县逐渐成立了土地承包经营权流转中心和土地流转评估委员会，并先后成立了多个乡村级流转服务所和多个村级流转服务站，为农村土地经营权抵押贷款业务的开展提供政策支持与组织保障。第三，加大财政资金支持力度。为了降低农村土地经营权抵押贷款的风险，法库县出台了《法库县农村土地承包经营权抵押贷款贴息资金及风险补偿金使用暂行办法》，对农户进行贴息补偿。

（二）"农户＋农业合作社＋金融机构"运行模式的不足

从法库县的实践来看，"农户＋农业合作社＋金融机构"运行模式内部存在多重化、复杂化的委托代理关系。一方面，村集体将土地以协议方式承包给农户，同时又以农业合作社形式将土地集中起来，使得农户与村集体之间形成双重委托代理关系。另一方面，村集体代表农户将土地经营权抵押给金融机构，但同时村集体负责人还从事农业合作社具体的经营管理活动，权责划分不明确，进而对金融机构发放贷款的积极性造成负面影响。

第二节　吉林省农村土地经营权抵押贷款运行历程

长期以来，缺少有效的抵押物一直是影响和制约农业、农村经济发展的一个突出问题。目前，土地是农村地区最大的资源，只有盘活农村

土地，才能有效盘活农村经济。党的十八届三中全会和 2014 年、2015
年的中央 1 号文件，都明确赋予了农民对所承包土地的占有、使用、收
益、流转以及经营权抵押、担保等权利。明确所有权、稳定承包权、放
活经营权的"三权分置"制度，为深化农村土地改革提出了要求、指
明了方向。开展农村土地经营权抵押贷款试点，允许农民用土地经营
权作为抵押物向金融机构贷款，将直接赋予农村土地经营权金融
属性。

为了更好地适应当前农村改革发展的需要，吉林省积极探索破解农
村金融"瓶颈"的有效方法，以期充分发挥农村土地经营权的资产效
用和融资功能，进一步拓宽农业经营主体的融资渠道，推进土地规模
化、专业化、集约化进程，助力现代农业发展。2014 年中国农业银行
吉林省分行在吉林省延边州探索农村土地经营权抵押贷款业务，农户只
需提供农村土地承包合同等有关资料，经过土地价值评估、办理抵押公
证手续后即可办理贷款，同时银行指定专人负责协助办理相关手续，为
贷款人提供了便利。

2015 年 3 月，吉林省农村土地确权办公室在梅河口市召开全省农
村土地承包权证和经营权证发放暨农村土地经营权抵押贷款试点启动
会议，决定在全省 28 个县（市、区）试点运行该项业务。梅河口市
作为省里颁发"两证"的试点单位，在全省颁发了第一个农村土地经
营权证，并在会议现场演示了农村土地经营权抵押贷款的办理流程和
具体操作手续。此举标志着吉林省正式全面启动农村土地经营权抵押
贷款试点工作。按照《吉林省农村土地经营权抵押贷款试点工作方案
（试行）》的要求，省农委制定并下发了《农村土地经营权证明办理
流程（试行）》、《农村土地经营权抵押登记流程（试行）》和《农村
土地经营权区片流转指导价格公布办法（试行）》三个配套文件，明
确规定农村土地经营权证是申请农村土地经营权抵押贷款的唯一依
据。鉴于吉林省到 2017 年才能基本实现农村土地经营权证全覆盖，

在此过渡期内，未发放农村土地经营权证的，由乡镇土地承包管理部门经乡镇人民政府批准后统一出具农村土地经营权证明作为贷款认定依据。

2016 年 3 月，国家批准吉林省 15 个县（市）开展农村土地经营权抵押贷款试点工作，吉林省结合农民实际需求，较早地积累了开展农村土地经营权抵押贷款业务的地区经验。2016 年延边州农村土地经营权抵押贷款被列入全国第二批农村综合改革试验区项目中，中国农业银行将延边州作为全国率先开展试点地区。

2017 年 8 月吉林省委办公厅、省政府办公厅研究制定《关于贯彻落实农村土地所有权承包权经营权分置办法的实施意见》，指出目前吉林省农村土地外业实测已基本结束，正在统筹推进内业编辑处理、信息平台建设、确权归户、建档立卷和自查验收等工作，2017 年底前基本完成农村土地确权登记颁证整省推进任务。农村产权制度改革省级试点村从 4 个扩大到 22 个，清产核资工作已完成，股权设置、成员界定和股权量化工作有序推进。近年来，吉林省农村金融服务体系已逐步形成，已建设完成 1400 多个村级金融服务站、42 家县域物权融资公司、600 万份农户信用档案和 600 个农村产权流转市场基层网点。

第三节 吉林省农村土地经营权抵押贷款运行现状

一 吉林省农村土地经营权抵押贷款总体运行情况

从 2014 年吉林省延边州开始探索农村土地经营权抵押贷款，至 2015 年农村土地经营权抵押贷款试点启动会议决定在全省 28 个县（市、区）试点运行该项业务，再到 2016 年 3 月国家批准吉林省 15 个市（县）进行农村土地经营权抵押贷款试点，近几年吉林省一直高度重视农村土地经营权抵押贷款问题，并且在农村金融领域的试点工作也一直走在全国前列。在国家有关农村土地产权制度的要求下，吉林省在相关试点工作中始终与中央保持同步，并在农村土地确权颁证、农村土地流转、农村土地经营权抵押贷款以及农村土地市场化建设等方面进行了一系列有益的尝试与探索。

中国人民银行吉林省分行统计数据显示，截至 2016 年底，吉林省参与抵押贷款的农村土地面积达 63.7 万亩。截至 2017 年，吉林省农村土地经营权抵押贷款试点基本实现县域全覆盖，累计发放土地经营权抵押贷款 4389 笔，贷款金额 14 亿元，抵押面积 81.3 万亩。不难看出，从 2014 年实施农村土地经营权抵押贷款试点工作以来，吉林省农村土地经营权抵押贷款工作已在全省展开，在破解农户融资难题、实现农业经营规模和效益快速增长的同时，也面临着政策实施预期效果不理想、部分地区贷款业务量锐减、农民对贷款使用情况不乐观等诸多问题。通过对 2016 年吉林省试点地区及非试点地区农村土地经营权抵押贷款业务开展情况的梳理，得到表 3-1 和表 3-2。

表 3-1　2016 年吉林省试点地区农村土地经营权抵押贷款情况

单位：万元，笔

地区	土地经营权抵押贷款余额			累计放款情况	
	余额	上年同期余额	较年初增加	累计发放金额	累计发放笔数
梨树	—	—	—	—	—
东辽	—	—	—	—	—
抚松	—	—	—	—	—
永吉	5	5	5	5	1
洮南	7	0	-3	10	3
农安	402	0	402	402	2
榆树	1022	110	912	1032	44
梅河口	1062	1602	954	2964	50
延吉	1487	772	785	2005	69
柳河	1550	0	1550	1550	2

续表

地区	土地经营权抵押贷款余额			累计放款情况	
	余额	上年同期余额	较年初增加	累计发放金额	累计发放笔数
公主岭	1856	−3003	−4368	743	52
珲春	2575	1812	−236	2348	33
敦化	6406	1136	2039	7280	306
前郭	6843	14	5343	5524	1596
龙井	15736	10827	3088	15736	547
总计	38951	13275	10471	39599	2705

资料来源：中国人民银行吉林省分行相关统计。

从各地的统计数据来看，2016 年开展初期，吉林省各地农村土地经营权抵押贷款规模存在较大差异，在全面实施农村土地经营权抵押贷款政策的同时，仍面临着发放效率及发放金额受限等问题。由于吉林省农村土地经营权抵押贷款业务仍处于试点探索阶段，部分地区的开展进程较为缓慢，但从最新的统计数据分析，吉林省农村土地经营权抵押贷款试点地区及非试点地区的规模整体有了较大幅度增长。

从表 3 - 2 可以看出，2016 年吉林省农村土地经营权抵押贷款非试点地区的贷款规模逐渐增加，开展抵押贷款的范围也在逐步扩大。对于农村土地经营权抵押贷款开展情况相对较差的地区，经过不断努力，对业务开展工作进行调整，2016 年实现了业务规模的实质性突破。这也在一定程度上反映出吉林省正在逐渐加快开展农村土地经营权抵押贷款业务的步伐。另外也反映出，吉林省越来越多地区的农户存在抵押贷款的强烈需求，农村土地经营权抵押贷款对于解决农户贷款难问题起到了良好的作用。

表 3 - 2 　 2016 年吉林省非试点地区农村土地经营权抵押贷款情况

单位：万元，笔

地区	土地经营权抵押贷款余额			累计放款情况	
	余额	上年同期余额	较年初增加	累计发放金额	累计发放笔数
吉林	1487	772	785	2005	69

续表

地区	土地经营权抵押贷款余额			累计放款情况	
	余额	上年同期余额	较年初增加	累计发放金额	累计发放笔数
磐石	137	0	0	137	5
舒兰	676	0	676	686	6
蛟河	1648	0	1587	1719	537
和龙	832	-6	-751	2640	29
桦甸	1180	1400	-220	1460	3
东丰	1181	78	-13	1204	9
辉南	1784	858	926	926	38
双辽	2260	83	2032	2032	9
汪清	1729	1836	-403	0	0
图们	4067	2422	2073	1819	44
安图	3057	1719	705	838	34
长岭	4156	0	3035	1615	9
总计	24194	9162	10432	17081	792

资料来源：中国人民银行吉林省分行相关统计。

二 吉林省农村土地经营权抵押贷款发放情况

通过对近年来吉林省农村土地经营权抵押贷款累计发放情况进行统计，可知吉林省自抵押贷款业务开展以来，截至 2017 年 2 月全省累计发放笔数为 7075 笔，累计发放金额为 66257 万元（见表 3-3），试点地区以及非试点地区的工作正在有序推进，并取得了一定的成绩。试点地区累计发放农村土地经营权抵押贷款 4728 笔，累计发放贷款金额为 28430 万元；非试点地区累计发放贷款为 2347 笔，累计发放金额为 37827 万元。不难看出，试点地区的累计发放笔数是非试点地区的 2 倍多，但非试点地区的发放金额要高于试点地区。究其原因，可能与土地确权工作延迟、农村土地经营权抵押贷款效率受限有关，同时，由于普通农户抵押贷款金额较小、抵押物缺乏，同时受到经营情况以及合作关系的影响，因此，试点地区的发放贷款金额不如非试点地区高。新型农业经营主体的资金需求、成员关系与数量存在较大差别，贷款方式受到诸多因素的影响。

表 3 – 3　吉林省农村土地经营权抵押贷款累计发放情况

	试点地区	非试点地区	总计
累计发放笔数（笔）	4728	2347	7075
累计发放金额（万元）	28430	37827	66257

资料来源：中国人民银行吉林省分行相关统计（截至 2017 年 2 月）。

通过对吉林省农村土地经营权抵押贷款余额期限进行统计划分，得到结果如表 3 – 4 所示。全省一年以内（含一年）的贷款余额为 29515 万元，一年至三年（含三年）的贷款余额为 109857 万元，三年以上的贷款余额为 27026 万元。从不同地区来看，试点地区一年期限内的贷款余额为 13338 万元，占 45.2%，非试点地区占 54.8%；一年至三年期限的贷款余额，两者的占比分别为 50.1% 和 49.9%，三年期限的贷款余额，两者的占比分别为 49.4% 和 50.6%。可以看出，试点地区的农户在进行抵押贷款时，其还款相对较快，非试点地区的还款周期相对较长。

表 3 – 4　吉林省农村土地经营权抵押贷款余额按期限划分情况

单位：万元

期限	试点地区	非试点地区	总计
一年以内（含一年）	13338	16177	29515
一年至三年（含三年）	55085	54772	109857
三年以上	13351	13675	27026

资料来源：中国人民银行吉林省分行相关统计（截至 2017 年 2 月）。

三　吉林省农村土地经营权抵押贷款金融机构情况

通过对吉林省开展农村土地经营权抵押贷款金融机构的调查分析可知，目前开展相关业务的金融机构主要包括中国农业银行、中国邮政储蓄银行、农村商业银行、农村信用合作社以及地区的乡镇银行。中国农业银行是较早在吉林省开展农村土地经营权抵押贷款业务的银行,依托三农事业部的优势,中国农业银行最早在延边州开展农村金融制度改革,并在延边州成立了支行,在农村土地经营权抵押贷款方面进行了产品创新,通过近几年贷款业务的不断开展,中国农业银行在吉林省积累了丰富的经验,相关业务范围以及所覆盖区域不断扩大。中国邮政储蓄银行通过组建三农事业部,在区域支行的支持下,积极开展吉林省农村土地经营权抵押贷款业务。农村信用合作社利用自身优势,成为目前吉林省开展农村土地经营权抵押贷款业务的主要金融机构,农村信用合作社对农户发放的贷款金额较大,并占据了吉林省农村金融领域的较大市场份额,中国人民银行吉林省分行统计资料显示,目前吉林省农村信用合作社的贷款比例占到了所有金融机构中的三成以上。

目前吉林省开展农村土地经营权抵押贷款业务的金融机构大多是涉农银行,分类较为固定,受农村土地经营权抵押贷款业务性质的限制,以及贷款风险较高的影响,一些商业银行并未积极开展该业务。

四　吉林省农村土地经营权抵押贷款使用情况

从近年来吉林省农村土地经营权抵押贷款的使用情况来看,目前利用土地经营权抵押贷款所获取的资金主要用在农业生产、个体工商经营、个人消费以及其他方面。就个人消费而言,主要用在农民的衣食住行消费、医疗消费、教育消费、红白喜事消费、家电消费等方面。整体而言,吉林省农村土地经营权抵押贷款所发放的资金基本做到了专款专用,主要使用在农户的生产经营活动上。统计资料显示,通过农村土地经营权抵押贷款业务,农户利用所承包的土地,可以顺利获得抵押贷款的比例达到75%。可以看出,农村土地经营权抵押贷款能够在很大程度上解决农户由于缺乏抵押物而难以获取贷款的问题,农村土地经营权抵押贷款充分发挥了其积极作用。从近年来吉林省农村土地经营权抵押贷款不良贷款记录情况来看（见表 3 - 5），截至 2017 年 2 月全省共计有 2.94% 的不良贷款记录，涉及贷款金额为 4888 万元，其中试点地区的不良贷款率为 5.46%，要明显高于非试点地区的 0.5%。这在一定程度上说明，试点地区虽然为解决农户贷款难问题提供了良好的金融手段，但不良贷款记录会严重影响金融机构发放贷款的积极性，在风险因素影响下，会阻碍金融机构贷款业务的开展，长期来看不利于农村土地经营权抵押贷款业务的可持续发展。这一方面需要农户在进行抵押贷款时提高违约风险意识，另一方面金融机构要做好风险管控。

表 3 - 5　吉林省农村土地经营权抵押贷款不良贷款统计

	试点地区	非试点地区	总计
不良贷款余额（万元）	4467	421	4888
不良贷款率（%）	5.46	0.50	2.94

资料来源：中国人民银行吉林省分行相关统计（截至 2017 年 2 月）。

五　吉林省农村土地经营权抵押贷款典型案例分析

近年来，吉林省为了更好地适应当前农村改革发展的需要，不断加大对农村经济的金融支持力度，助力现代农业发展，多个地区正在大力开展农村土地经营权抵押贷款业务的试点工作。吉林省不同地区的农村金融和农村经济条件存在差距，使得农村土地经营权抵押贷款在不同地区的运行效果出现了较大差异。目前，吉林省榆树市和梅河口市的农村土地经营权抵押贷款业务试点效果相对较好，但受两个地区经济条件、社会环境差异的影响，两个地区在开展农村土地经营权抵押贷款业务时的流程也有所不同。本部分将对两个典型地区的农村土地经营权抵押贷款试点情况进行分析。

（一）榆树市农村土地经营权抵押贷款运行现状

榆树市地处吉林、长春、哈尔滨三角区的中心位置，位于松辽平原的腹地，是吉林省下辖县级市，目前由长春市代为管理。榆树市行政区划内地势较为平坦，属于温带大陆性季风气候区，境内有多条河流经过，水资源丰富。近年来，榆树市连续多年被评为全国粮食生产先进县（市），是全国首批粮食生产功能区和我国优质玉米生产示范区，其中，玉米获得"中国好粮油"荣誉称号，大米获得"中国百强农产品"荣誉称号。榆树市行政区划面积为 4712 平方公里，耕地面积为 586.51 万亩，农业人口为 102.75 万人，占总人口的 81.89%，人均耕地面积为 5.71 亩。统计资料显示，截至 2017 年，榆树市总播种面积约为 39 万公顷，主要种植作物包括玉米、水稻、大豆等，其中玉米播种面积为 27.7 万公顷，水稻播种面积为 7.2 万公顷，大豆播种面积为 1.2 万公顷，粮食总产量达 332.5 万吨，农业总产值为 156.4 亿元。榆树市的农村经济发展情况如表 3-6 所示。

表 3-6 榆树市农村经济发展概况

类别	概况
农业发展水平	全国粮食生产先进县（市）、粮食生产功能区、优质玉米生产示范区
农业人口（万人）	102.75
农业人口占总人口比重（%）	81.89
耕地面积（万亩）	586.51
人均耕地面积（亩）	5.71
主要种植作物	玉米、水稻、大豆

资料来源：榆树市人民政府网站、《吉林省统计年鉴》（截至 2016 年底）。

榆树市是 2016 年国家批准的吉林省 15 个农村土地经营权抵押贷款试点县（市）之一。自榆树市开展农村土地经营权抵押贷款试点以来，为了有效解决农户贷款难的问题，榆树市逐渐形成了较为成熟的农村土地经营权抵押贷款业务流程。榆树市委、市政府联合农业部门以及中国农业银行等金融机构，通过开展实地调研，不断推出了保证、抵押、信用等组合贷款业务，加大对专业大户和家庭农场的抵押贷款力度，同时积极引导农户向农作物保险公司等申请投保，进一步降低金融机构的贷款风险。榆树市通过对农村土地确权、土地流转、农户抵押贷款需求情况的调研，积极探索解决农村土地经营权抵押贷款过程中的农户准入问题，创新农村土地经营权抵押贷款业务模式。榆树市以农村土地经营权抵押贷款市场化运作为基础，以商业化模式开展相关业务，随着试点工作的开展，不仅拓宽了农户的融资渠道，降低了融资成本，同时有效地促进了农村土地的流转，增加了农民收入。但调查发现，榆树市仍存在土地流转手续不规范、土地流转平台及价值评估机构有待建立等问题。从统计数据来看，从榆树市开展农村土地经营权抵押贷款业务以来，当地农村土地经营权抵押贷款余额从 2016 年的 1022 万元增长至 2017 年的 1756 万元，贷款笔数从 2016 年的 44 笔增长至 2017 年的 68 笔，平均每笔贷款余额从 2016 年的 23.23 万元增长至 2017 年的 25.82 万元（见表 3 - 7）。不难看出，榆树市农村土地经营权抵押贷款业务正在稳步推进并表现出良好的发展态势。

表 3 - 7　榆树市农村土地经营权抵押贷款情况

年份	农村土地经营权抵押贷款余额（万元）	农村土地经营权抵押贷款笔数（笔）	平均每笔贷款余额（万元）
2016	1022	44	23.23
2017	1756	68	25.82

资料来源：中国人民银行榆树市支行。

（二）梅河口市农村土地经营权抵押贷款运行现状

梅河口市地处吉林省东南部，处在松辽平原与长白山的过渡地带，是吉林省东南部要冲和东北地区重要的交通枢纽之一，作为吉林省直管市，目前梅河口市由通化市代管。梅河口市境内河流众多，纵横分布，水资源较为丰富，辉发河及一统河两岸地区是平原和丘陵地区，东北部和西南部属于山区和半山区。梅河口市拥有农业人口 32.92 万人，占总人口的 54.78%，拥有耕地面积 156 万亩，人均耕地面积为 4.74 亩，主要种植作物包括水稻、玉米、大豆等。梅河口市的农村经济发展情况如表3-8所示。

表3-8 梅河口市农村经济发展概况

类别	概况
农业发展水平	全国综合实力百强县（市）、全国投资潜力百强县（市）
农业人口（万人）	32.92
农业人口占总人口比重（%）	54.78
耕地面积（万亩）	156
人均耕地面积（亩）	4.74
主要种植作物	水稻、玉米、大豆

资料来源：梅河口市人民政府网站、《吉林省统计年鉴》（截至2016年底）。

2015年3月，吉林省农村土地经营权抵押贷款试点启动工作会议在梅河口市召开，同时梅河口市还成为吉林省首个"两证"试点单位，并颁发了吉林省第一个农村土地经营权证。2015年4月，中国农业银行梅河口支行为农户发放了首笔农村土地经营权抵押贷款，标志着梅河口市农村土地经营权抵押贷款业务正式开始。2016年3月国家批准的吉林省15个农村土地经营权抵押贷款的试点县（市）中，梅河口市就在其中。自梅河口市农村土地经营权抵押贷款试点工作开展以来，各项工作进展顺利并取得了一定的成效。中国农业银行等金融机构积极探索业务开展方式以及农户抵押贷款准入维度，做好农村土地经营权抵押贷款的基础设施建设和制度准备工作。积极开展普惠金融服务建设，构建"政银担保投"联动的支农机制，不断推动金融资源和社会资本转向农村经济。通过政策支持，积极搭建抵押流转平台，出台《梅河口市农村土地承包经营确权登记颁证试点工作实施方案》等政策措施，为规范抵押贷款业务流程、促进土地抵押流转提供条件。资料显示，2016年梅河口市农村土地经营权抵押贷款余额为1062万元，抵押贷款笔数为50笔，平均每笔贷款余额为21.24万元；2017年贷款余额为1835万元，抵押贷款笔数为76笔，平均每笔贷款余额为24.14万元（见表3-

9）。梅河口市农村土地经营权抵押贷款业务表现出良好的增长态势，在一定程度上反映出梅河口市深化农村金融改革、持续增加"三农"贷款投放、拓宽农民融资渠道、推动农村经济快速发展有了初步成效。

表 3 - 9　梅河口市农村土地经营权抵押贷款情况

年份	农村土地经营权抵押贷款余额（万元）	农村土地经营权抵押贷款笔数（笔）	平均每笔贷款余额（万元）
2016	1062	50	21.24
2017	1835	76	24.14

资料来源：中国人民银行梅河口市支行。

第四节　吉林省农村土地经营权抵押贷款面临问题分析

作为一种农村金融制度的创新形式，吉林省从 2014 年开展农村土地经营权抵押贷款试点工作以来，在很大程度上克服了土地收益抵押贷款的缺点，体现出比土地收益抵押贷款更大的优势，对缓解农户贷款难问题发挥了一定的作用，同时取得了一些初步成果。在国家"三权分置"的制度下，农村土地经营权抵押贷款有着明显的发展潜力。然而，从实际调研情况来看，受诸多因素的影响，吉林省农村土地经营权抵押贷款试点效果与政策预期并不完全一致。在吉林省开展农村土地经营权抵押贷款试点过程中，仍存在法律法规不完善、土地流转不畅、产权交易市场不完善、监管机制不健全、风险控制机制不健全等诸多问题。

一　农村土地经营权抵押贷款相关法律法规有待完善

《土地管理法》规定，农户对所承包土地拥有使用权、收益权等权利，但并没有处置权利，同时由于农村土地经营权是在试点运行阶段，因此，从国家法律角度而言，并不能有效保障农村土地经营权的抵押担保权利。目前农村土地经营权抵押贷款业务多是在地方性政策下支持开展的，并没有相关法律的保障，存在法律风险，因此金融机构不敢积极开展相关业务。在没有法律保障的情况下，农户违约的风险加大，金融机构的利益无法保障，同时农户利益也存在法律层面的风险，从而影响供需双方对农村土地经营权抵押贷款的积极性。

二 农村土地流转不畅且产权交易市场发育不够完善

吉林省从 2014 年开始农村土地承包经营权确权登记颁证试点，2017 年底基本结束，2018 年 8 月完成了农村土地承包经营权确权登记工作。吉林省农村土地确权工作耗费了大量财政经费，部分地区由于经费无法保障而影响了土地确权工作进度；土地确权过程中以农业经济部门和技术公司为主导，缺乏先进的技术做支撑；部分地区存在土地历史遗留问题、土地边界不清晰问题，导致土地确权数据不够精确；土地确权过程中发生承包关系变化，导致土地确权存在隐患。与此同时，在吉林省农村土地流转政策下，依然存在着土地流转行为不规范、土地流转中介及维权机构少、土地流转供需信息传播路径少等问题，土地流转不畅在很大程度上限制了土地效益的发挥，进而阻碍了农村土地经营权抵押贷款业务的开展。

目前，吉林省农村土地经营及产权交易市场建设较为滞后，缺乏较为规范的土地流转及抵押贷款合同，导致大量农村土地经营权无法正常抵押。一般而言，在农村土地流转过程中，土地产权的流转周期较短，这也在一定程度上增大了农村土地抵押物的评估难度，使得农村土地经营权抵押贷款业务的开展存在较大困难。虽然吉林省部分地区建立了中介评估服务机构，但由于缺少相应政策制度的支持，当农户进行抵押贷款资产评估时需要支付相应的费用，这在一定程度上增加了农户的融资成本，影响了农户的抵押贷款积极性。

三 农村土地经营权抵押贷款监督和管理机制不健全

农村土地经营权抵押贷款业务属于较新的农村金融产品，在业务开展过程中存在监管缺失，有关农村土地经营权抵押贷款的抵押物评估机制、业务管理机制、服务机制等仍不健全。吉林省农村土地经营权抵押贷款政策试行之初，在政府的大力推行下，各地金融机构积极配合相关政策落地，积极开展相关业务，金融机构涉农贷款比例较大。但随着业务的开展，受一些主客观因素的影响，一些试点地区的农村土地经营权抵押贷款业务量开始锐减，农户对农村土地经营权抵押贷款的使用情况很不乐观。调查发现，很多地区的农户反映，农村土地经营权抵押贷款业务的手续过于繁杂，审批周期较长，无法有效满足农户需求。受到农村土地确权登记颁证工作滞后的影响，农村土地经营权抵押贷款工作的开展存在较大难度，以延边州为例，由于历史遗留原因，一些"册外地"为农村土地经营权抵押贷款工作带来了很大困难。从客观角度看，受到地方政府经营管理体系薄弱的影响，基层干部的业务水平与素质不一，导致土地权利管理缺失、服务经营不善等问题，这也为农村土地经营权的价值评估、权利分配带来影响，最终影响农村土地经营权抵押贷款业务的开展。部分地区在开展农村土地经营权抵押贷款业务时，会受到地方政府政策性、盈利性目标的影响，在政府行政干预下，金融机构的业务重心发生偏移。因此，需要建立健全的农村土地经营权抵押贷款监督管理机制来维持业务的正常运行。

四　农村土地经营权抵押贷款的风险控制机制不健全

对于需求侧的农户和新型农业经营主体以及供给侧的金融机构而言，在开展农村土地经营权抵押贷款业务过程中，由于受到农村金融政策不完善、信贷担保机制不健全、社会保障机制缺乏的影响，不同参与主体面临较大的信贷风险。农村土地作为农户重要的农业生产资源，在一定程度上会受到自然条件的影响而导致经营受挫，当农户进行农村土地经营权抵押贷款时，其长期的土地权益被收走，在社会保障体系不完善、农民土地权益保障机制不健全的情况下，会导致农户无法正常进行农业生产经营，进而带来严重的社会问题。对于金融机构而言，开展农村土地经营权抵押贷款业务将面临诸多风险。由于农业生产经营具有周期长、收益率低等特点，金融机构需要承担较大的放贷风险和收益风险。目前吉林省部分地区已初步开展农村土地经营权抵押贷款风险防范机制建设，主要是由政府通过财政补贴的方式来降低金融机构的放贷风险，但受到地区经济条件的影响，这种财政补贴方式对金融机构的补偿额度十分有限。在政府进行财政补贴的基础上，如果不加强对农户违约的相关控制，同样会对金融机构造成较大的资金风险。有些地区缺乏完善的风险控制机制，对农村土地经营权抵押贷款业务的风险评估不足，或者受到地方政府的行政干预而直接发放贷款，一旦发生农户违约，就会导致金融机构较难收回农村土地经营权抵押贷款。

第五节　本章小结

本章对农村土地经营权抵押贷款运行模式进行了分析，对吉林省农村土地经营权抵押贷款业务的运行历程进行了回顾，从总体运行情况、贷款发放情况、金融机构情况、贷款使用情况等方面对吉林省农村土地经营权抵押贷款业务试点的现状进行梳理，对榆树市、梅河口市等典型案例试点地区的运行情况进行了分析。通过对吉林省农村土地经营权抵押贷款运行现状的分析，总结了吉林省农村土地经营权抵押贷款业务运行过程中面临的问题，并将其概括为法律法规不完善、土地流转不畅、产权交易市场不完善、监管机制不健全、风险控制机制不健全等方面。通过本章的分析，可以为进一步评价吉林省农村土地经营权抵押贷款运行效果、提出提升吉林省农村土地经营权抵押贷款运行效果的政策建议与措施提供相关依据。

第四章

农户对农村土地经营权抵押贷款
业务满意度评价

本章将从农村土地经营权抵押贷款需求侧参与主体的视角出发，对吉林省农村土地经营权抵押贷款业务的农户满意度进行实证分析。农户对农村土地经营权抵押贷款业务的满意度既是评价业务运行效果的重要指标，同时也是衡量农村金融制度创新效果的重要因素。本章通过构建满意度评价模型，结合农村土地经营权抵押贷款的业务特点选取指标变量，利用实地调研样本数据，分析农户对农村土地经营权抵押贷款业务的满意度及其影响因素。

第一节　理论分析

根据借贷行为理论，农户参与农村土地经营权抵押贷款的行为，可以理解为一定时期内以农村土地经营权作为抵押物向金融机构申请并获得贷款的行为。农户、新型农业经营主体等需求侧主体在开展生产经营和生活消费活动时，若发生资金短缺，会采用借贷方式向金融机构申请贷款。在此过程中，作为理性经济人，农户和新型农业经营主体会从成本收益角度充分考虑贷款的优劣势。在此我们忽略抵押贷款的信贷约束条件，假设农户提交贷款申请时能全额获得贷款，当贷款的预期收益高于贷款成本时，农户会选择贷款并将资金投入生产经营和生活消费，解决资金缺乏问题。而当贷款预期收益低于贷款成本时，农户则会选择放弃贷款。从多个生产周期来看，当农户通过贷款解决一个生产周期的资金缺乏问题后，在下个生产周期资金充足或不需要继续扩大生产经营和增加生活消费时，农户在很大程度上会选择不继续贷款。而当下个生产周期需要继续扩大生产经营或增加生活消费时，农户会继续对比贷款的成本收益并决定是否继续申请贷款。农户参与农村土地经营权抵押贷款的行为逻辑如图 4 – 1 所示。

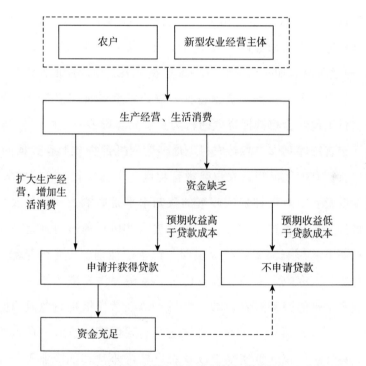

图 4 – 1　农户参与农村土地经营权抵押贷款的行为逻辑

根据农户的借贷行为逻辑，农户参与农村土地经营权抵押贷款的意愿、积极性及其影响因素将对农户满意度产生重要影响。李韬等（2015）通过对同心县的调查研究发现，农户对农村土地经营权抵押贷款具有较强的参与意愿，其中小农户比大农户积极性更高。黄惠春（2014）通过对江苏省新沂市的调查研究发现，该地区农户对农村土地经营权抵押贷款的参与意愿不强烈，农村土地经营权抵押贷款在该地区的试点效果并不理想，究其原因可能与金融机构的主要抵押贷款对象是大农户、有贷款记录的农户和信用度较高的农户有关，而对小农户的重视程度不够，农户抵押贷款难的问题并未得到有效解决。不难看出，不同地区开展农村土地经营权抵押贷款试点工作时，由于抵押贷款的业务模式不同，农户的参与度和积极性也会不同，因此抵押贷款模式是影响农户参与农村土地经营权抵押贷款的重要因素。刘婷婷等（2013）在分析了影响农户土地经营权抵押贷款意愿的相关因素后认为，农户年龄、农地总面积、土地流转意愿、收入来源以及外出打工经历等是主要的影响因素。曹瓅（2017）通过对西北地区试点县农户参与农村土地经营权抵押贷款行为的分析，认为户主个人特征、贷款特征、农户家庭特征以及模式差异对农户参与农村土地经营权抵押贷款的行为具有显著影响。于丽红等（2014）通过对辽宁省法库县农户参与农村土地经营权抵押贷款调查数据的分析，认为农户所拥有土地面积、农户受教育程度、家庭年收入、家庭人口数、贷款利率以及农户对抵押贷款政策的认知水平是影响农户参与农村土地经营权抵押贷款意愿的重要因素。惠献波（2014）通过对河南省试点县农户潜在需求和影响因素的研究表明，户主的性别、户主的年龄、户主的信贷经历、家庭收入来源、区位优势、乡镇经济发展水平、社会保障体系、利率水平等因素对农户参与农村土地经营权抵押贷款具有显著影响。杨婷怡等（2014）通过对宁夏同心县、陕西高陵县农户的调查研究发现，农户性别、家庭负债水平以及农户是否兼营其他产业等是影响农户参与农村土地经营抵押贷款意愿的重要因素，不同地域农户的参与积极性有明显差别。林乐芬等（2015）对江苏省东海县农户的调查研究发现，影响传统小农户和新型农业经营主体参与农村土地经营权抵押贷款的重要因素包括经济因素、区位因素及土地流转因素等。

农户对农村土地经营权抵押贷款业务的满意度，指的是农户在参与农村土地经营权抵押贷款业务过程中以及获得抵押贷款后，根据自身感知，结合对抵押贷款业务的期望，对金融产品或金融机构所提供服务的一种总体评价和认知。开展农户对农村土地经营权抵押贷款业务满意度的研究，有助于明确农村土地经营权抵押贷款实施效果，促进农村土地经营权抵押贷款业务的推广。

目前，学者们在农户对农村土地经营权抵押贷款业务满意度评价、农户满意度的影响因素方面做了大量的研究，已形成十分丰富的研究成果。王芹等（2014）利用排序模型对三类新型农村金融机构的农户满意度进行了分析，认为陕西、宁夏两省区的农户对新型农村金融机构的整体满意度不高。袁小博（2015）基于农户视角构建西北地区产权抵押融资模式满意度测评体系，利用陕西省的实地调研数据，对影响农户满意度的主要因素进行了分析，认为价值感知是影响农户满意度的主要因素，产品质量感知和服务质量感知对农户满意度的影响相对较弱。武德朋（2015）以宁夏平罗县土地承包经营权抵押融资为研究对象，分析了农户对土地承包经营权抵押融资满意度的影响因素，结果表明，政策了解程度、参与意愿、贷款期限、还款方式、贷款流程、资金满足程度对农户参与土地承包经营权抵押融资具有正向影响，家庭人口对农户满意度具有负向影响，性别、年龄、受教育程度、人均收入、利率水平、家庭经营类型、价值评价合理性以及交通便利性对农户满意度没有显著影响。曹瓅等（2015）利用模型分析了宁夏农村土地经营权抵押贷款业务的农户满意度，认为农户对抵押政策的了解程度、贷款资金满足程度、农户参与意愿、贷款对家庭的帮助、贷款评估、贷款流程等是影响农户满意度的主要因素。

第二节　农户对农村土地经营权抵押贷款业务满意度评价模型设计

在开展农户满意度及影响因素研究时，常用的分析模型主要包括有序 Logit 模型及有序 Probit 模型。Logit 模型需要样本变量之间无关联性，而 Probit 模型并没有变量独立性的要求。针对本研究而言，在开展农户对农村土地经营权抵押贷款的满意度调查时，无法保证所获得样本数据的连续性，即农户对农村土地经营权抵押贷款满意度的调查数据是多种类型的离散数据，因此本节将选择 Probit 模型开展农户满意度及影响因素的评价研究。有序 Probit 模型的一般形式为：

$$P(y = y_i \mid X,\beta) = P(y = y_i \mid x_0,x_1,x_2,\cdots,x_k) \tag{4-1}$$

其中，y 为因变量，y_i 的范围是 $[0，m-1]$；X 为自变量。

在设计调查问卷时，参考李克特量表，将农户对农村土地经营权抵押贷款业务的满意度划分为 5 个层次，即非常不满意、不满意、一般、满意、非常满意。农户对农村土地经营权抵押贷款业务的满意度评价是离散样本数据，考虑到离散样本数据可能带来异方差问题，本书不直接采用线性估计模型进行分析，而是通过构建一个潜在的不可直接观测变量 Y_i^*，并将其与其他解释变量一起构建连续函数：

$$Y_i^* = \beta_0 + \beta_1 x_1 + \beta_2 x_2 + \cdots + \beta_i x_i = X\beta + \varepsilon_i \tag{4-2}$$

其中，$i = 1,2,\cdots,n$。上述函数也被称为有序多分类 Probit 模型潜回归方程。β 代表变量，ε_i 为随机变量且服从正态分布。假设农户对农村土地经营权抵押贷款业务的不同满意度评价结果的未知临界值分界点为 $y(y_1 < y_2 < \cdots y_{k-1})$，本书将农户满意度分为 5 个层次，即 $k=5$，那么分界点共有 4 个，即 y_1,y_2,y_3,y_4，则观测值 y_i 和潜在变量 Y_i^* 的关系为：

$$y_i = \begin{cases} 1, & \text{if } \ Y_i^* \leqslant y_1 \\ 2, & \text{if } \ y_1 < Y_i^* \leqslant y_2 \\ 3, & \text{if } \ y_2 < Y_i^* \leqslant y_3 \\ 4, & \text{if } \ y_3 < Y_i^* \leqslant y_4 \\ 5, & \text{if } \ y_4 < Y_i^* \end{cases} \tag{4-3}$$

将随机变量 ε_i 累计概率函数定义为 $F(x)$，则观测值 y_i 选择 1~5 时的概率分别为：

$$F(y_i = 1 \mid X) = F(y_1 - X\beta)$$
$$F(y_i = 2 \mid X) = F(y_2 - X\beta) - F(y_1 - X\beta)$$
$$F(y_i = 3 \mid X) = F(y_3 - X\beta) - F(y_2 - X\beta) \qquad (4-4)$$
$$F(y_i = 4 \mid X) = F(y_4 - X\beta) - F(y_3 - X\beta)$$
$$F(y_i = 5 \mid X) = 1 - F(y_4 - X\beta)$$

利用最大似然函数对模型参数进行估计，对 $P(y_i = 1)$ 和 $P(y_i = 5)$ 两个概率计算自变量 X 的导数，得到：

$$\frac{\partial P(y_i = 1)}{\partial X} = -f(y_1 - X\beta)\beta$$

$$\frac{\partial P(y_i = 5)}{\partial X} = -f(y_4 - X\beta)\beta \qquad (4-5)$$

其中，$f(x)$ 为随机变量 ε_i 服从正态分布时累计概率函数 $F(x)$ 所对应的密度函数。自变量 X 对概率的边际影响并不和系数 β 相等，且 $P(y_i = 1)$ 中 X 的变动方向与系数 β 相反，但 $P(y_i = 5)$ 中 X 的变动方向与系数 β 一致。

第三节　指标选取

根据前文的理论分析可知，农户在参与农村土地经营权抵押贷款业务时，可能影响其满意度的因素主要包括以下几个方面。

（一）户主个体及家庭特征

户主的个体特征主要包括性别、年龄和受教育程度等。相对于男性而言，女性思想较为保守，同时更多地面临维持家庭生计、提高家庭生活水平等压力（曾维忠等，2011），因此，男性从事农业生产活动的思维更为活跃，就业机会更多，参与农村土地经营权抵押贷款的意愿更强。从年龄角度而言，随着年龄的增长，户主参与农业生产活动的行为会逐渐减少，户主的思想会趋向于保守，对抵押贷款的风险承受能力变弱（惠献波，2014），因此，理论上对农村土地经营权抵押贷款业务的满意度也会降低。相对而言，受教育程度较高的户主的生产经营能力更强，视野更开阔，对新鲜事物的认识和接受程度也更高（曹璨，2017），因此对农村土地经营权抵押贷款的满意度也会更高。

从影响农户满意度的角度而言，农户家庭特征方面的影响因素主要包括土地经营面积、金融机构贷款经历、村干部关系、银行或信用社关系等。通常情况下，土地经营面积对家庭农业生产经营规模具有决定性作用，土地经营面积越大，家庭对农村土地经营权抵押贷款的需求也会越大，对业务的满意度也会越高。童馨乐等（2011）研究发现，农户家庭的社会资本对农户的借贷行为具有重要影响。因此，农户通过金融机构申请并获取贷款的经历越丰富，与村干部、银行或信用社的关系越紧密，对抵押贷款业务的了解与熟悉程度越高，对农村土地经营权抵押贷款的满意度就可能越高。

（二）金融机构特征

金融机构特征变量主要包括金融机构数量、金融机构交通情况、金融机构信誉、金融机构服务满意度。农村地区金融机构的建设情况是保障农户参与农村土地经营权抵押贷款业务的重要因素，金融机构的信誉和服务质量可以在很大程度上影响农户参与农村土地经营权抵押贷款业务的意愿（梁虎等，2017）。一般而言，附近金融机构数量越多、交通越便利、金融机构信誉越好、对金融机构所提供服务的满意度越高，农户和金融机构之间的业务往来及合作机会就会越多，农户参与农村土地经营权抵押贷款的积极性和满意度就会越高。

（三）抵押贷款业务特征

抵押贷款业务特征变量包括抵押贷款流程、抵押贷款便捷度、抵押贷款利率、抵押贷款优势等几个方面。在农户参与农村土地经营权抵押贷款业务过程中，抵押贷款的流程越简单、获得抵押贷款越便捷、抵押贷款利率越低、抵押贷款的优势越明显，农户对抵押贷款业务的满意度就越高。

（四）农户参与业务特征

农户参与业务特征变量主要包括抵押贷款政策了解程度、参与抵押贷款意愿、抵押贷款资金满足程度及抵押贷款资金帮助程度。农户对抵押贷款政策的了解程度越高、参与抵押贷款业务的意愿越强烈，理论上对业务的满意度就会越高，同时，通过抵押贷款获得的资金越充足、贷款融资对农户生产经营活动的帮助越大，则其对抵押贷款业务的满意度就越高。

根据本章的研究目的，选取农户对农村土地经营权抵押贷款的满意度作为模型分析的因变量。由于影响农户对抵押贷款业务满意度的因素较多，在借鉴曾维忠等（2011）、童馨乐等（2011）、惠献波（2014）、曹璨（2017）、梁虎等（2017）等研究成果的基础上，结合实际调查过程中发现的业务运行情况，本章选取户主个体及家庭特征（户主性别、户主年龄、户主受教育程度、土地经营面积、金融机构贷款经历、村干部关系、银行或信用社关系）、金融机构特征（金融机构数量、金融机构交通情况、金融机构信誉、金融机构服务满意度）、抵押贷款业务特征（抵押贷款流程、抵押贷款便捷度、抵押贷款利率、抵押贷款优势）、农户参与业务特征（抵押贷款政策了解程度、参与抵押贷款意愿、抵押贷款资金满足程度、抵押贷款资金帮助程度）作为自变量，分析农户对农村土地经营权抵押贷款满意度的影响因素。具体指标变量如图 4 - 2 所示。

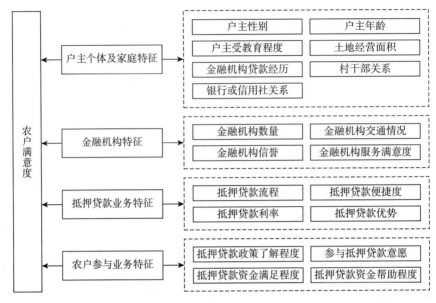

图 4-2 影响农户满意度的指标变量

第四节 数据来源及样本数据特征分析

样本数据来源于研究团队 2017~2018 年对榆树市、梅河口市农户的入户实地调研，采用分层抽样、随机调查、农户访谈等形式开展。调查组在榆树市 4 个主要乡镇共发放调查问卷 250 份，收回 235 份，其中有效问卷 210 份，有效率 89.36%；在梅河口市 7 个乡镇发放调查问卷 150 份，收回 142 份，其中有效问卷 139 份，有效率 97.89%。因此，本研究共获得有效卷 349 份。调研区域分布在榆树市和梅河口市主要的农业生产地区和农村土地经营权抵押贷款的主要试点区域，能反映两个地区的农户基本特征。

一 农户样本数据基本特征

通过对有效问卷中获得抵押贷款的农户样本数据的整理与分析，对农户的基本特征进行统计，结果如表 4-1 所示。农户性别以男性为主，占样本总数的87.2%；户主年龄主要集中在30~59岁，占样本总数的89.7%；户主的受教育程度以初中所占比例最大，占样本总数的61.3%，农户受教育程度主要集中在小学到高中，占样本总数的93.4%。

表 4-1　农户样本数据基本特征

统计指标	指标变量	所占比例（%）		
		总体	榆树市	梅河口市
户主性别	男	87.2	82.5	89.3
	女	12.8	17.5	10.7
户主年龄	30 岁以下	9.2	8.7	9.6
	30~39 岁	27.5	26.4	28.4
	40~49 岁	39.7	41.3	37.6
	50~59 岁	22.5	20.5	23.6
	60 岁及以上	1.1	3.1	0.8
受教育程度	小学以下	5.2	4.5	5.4
	小学	19.7	18.4	20.3
	初中	61.3	59.7	62.1
	高中	12.4	12.9	11.6
	大学及以上	1.4	4.5	0.6

资料来源：根据调查问卷样本数据整理得到。

二　农户对农村土地经营权抵押贷款业务满意度的评价

对获得农村土地经营权抵押贷款农户的满意度进行整理，得到结果如表4-2所示。

表 4-2　农户对农村土地经营权抵押贷款业务的满意度评价

单位：%

统计类型	非常不满意	不满意	一般	满意	非常满意
农户整体满意度	0.9	3.6	19.5	58.6	17.4
榆树市农户满意度	0.5	6.5	28.6	50.3	14.1

统计类型	非常不满意	不满意	一般	满意	非常满意
梅河口市农户满意度	1.5	2.5	12.7	64.8	18.5

资料来源：根据调查问卷样本数据整理得到。

从获得农村土地经营权抵押贷款农户的整体满意度来看，对农村土地经营权抵押贷款业务评价"非常满意"的农户占17.4%，对农村土地经营权抵押贷款业务评价"满意"的农户占样本总数的58.6%，对农村土地经营权抵押贷款业务评价"一般"的农户占样本总数的19.5%，对农村土地经营权抵押贷款业务评价"不满意"的农户占样本总数的3.6%，有4.5%的农户对农村土地经营权抵押贷款业务"不满意"或"非常不满意"。因此，农户对农村土地经营权抵押贷款业务的整体满意度较高，但农村土地经营权抵押贷款业务的运行情况与农户的预期仍存在一定的差距。从统计结果不难看出，农户对农村土地经营权抵押贷款业务"非常满意"的比例较少，有19.5%的农户对农村土地经营权抵押贷款业务的评价为"一般"。实际调查过程中发现，农村土地经营权抵押贷款政策试行之初，在政府的大力支持下，农村商业银行积极开展该项业务，涉农贷款比例不断增加，但随着业务的开展，在一些主观及客观因素影响下，试点地区的业务量开始减少，农户对农村土地经营权抵押贷款业务不太乐观。因此，两个地区的农村土地经营权抵押贷款政策措施还有待进一步完善。

不同地区的农户对农村土地经营权抵押贷款业务满意度的评价存在一定差异。梅河口市农户整体上对农村土地经营权抵押贷款业务的满意度要高于榆树市。其中，梅河口市农户评价"满意"和"非常满意"的农户比重分别为64.8%和18.5%，即满意及以上评价的农户占比为83.3%；评价"不满意"和"非常不满意"的农户比重分别为2.5%和1.5%。榆树市农户评价"满意"和"非常满意"的比重分别为50.3%和14.1%，即满意及以上评价的农户占比为64.4%；评价"不满意"和"非常不满意"的农户比重分别为6.5%和0.5%。

三 农户对农村土地经营权抵押贷款业务满意度模型变量的统计性描述

根据前文研究思路,针对选取的模型变量,结合调查样本数据,整理获得农村土地经营权抵押贷款业务农户满意度模型的统计量如表4-3所示。从统计结果来看,农户对农村土地经营权抵押贷款业务满意度的均值为3.892,农户评价"一般"和"满意"的比例较多;有金融机构贷款经历的农户占97.5%;对金融机构所提供服务评价"一般"和"满意"的农户较多;农户认为贷款有优势的比例为88.9%;农户参与农村土地经营权抵押贷款意愿的均值为4.152,说明愿意参与农村土地经营权抵押贷款的农户比例较高;通过农村土地经营权抵押贷款满足农户资金需要的情况较好,对农户的资金帮助程度较大。

表4-3 农户对农村土地经营权抵押贷款业务满意度的统计性描述

变量类型	变量名称	变量定义	均值	标准差	预期影响
因变量	农户满意度	1=非常不满意;2=不满意;3=一般;4=满意;5=非常满意	3.892	0.684	—
户主个体及家庭特征变量	户主性别	1=男;0=女	0.885	0.324	+/-
	户主年龄	1=30岁以下;2=30~39岁;3=40~49岁;4=50~59岁;5=60岁及以上	2.926	1.048	-
	户主受教育程度	1=小学以下;2=小学;3=初中;4=高中;5=大学及以上	2.973	1.238	+/-
	土地经营面积(亩)	连续变量	19.749	9.783	+
	金融机构贷款经历	1=有;0=无	0.975	0.152	+
	村干部关系	1=有;0=无	0.158	0.336	+
	银行或信用社关系	1=有;0=无	0.105	0.238	+

续表

变量类型	变量名称	变量定义	均值	标准差	预期影响
金融机构特征变量	金融机构数量	1 = 很少；2 = 较少；3 = 一般；4 = 较多；5 = 很多	2.584	0.739	+
	金融机构交通情况	1 = 非常不方便；2 = 不方便；3 = 一般；4 = 方便；5 = 非常方便	3.963	0.473	+
	金融机构信誉	1 = 非常不满意；2 = 不满意；3 = 一般；4 = 满意；5 = 非常满意	4.053	0.737	+
	金融机构服务满意度	1 = 非常不满意；2 = 不满意；3 = 一般；4 = 满意；5 = 非常满意	3.847	0.634	+
抵押贷款业务特征变量	抵押贷款流程	1 = 非常复杂；2 = 复杂；3 = 一般；4 = 简单；5 = 非常简单	3.756	0.584	+
	抵押贷款便捷度	1 = 非常麻烦；2 = 较麻烦；3 = 一般；4 = 方便；5 = 非常方便	3.628	0.736	+
	抵押贷款利率	1 = 非常高；2 = 较高；3 = 一般；4 = 较低；5 = 非常低	2.794	0.638	+
	抵押贷款优势	1 = 有；0 = 无	0.889	0.231	+
农户参与业务特征变量	抵押贷款政策了解程度	1 = 了解；0 = 不了解	0.851	0.178	+
	参与抵押贷款意愿	1 = 非常不愿意；2 = 不愿意；3 = 一般；4 = 愿意；5 = 非常愿意	4.152	0.583	+
	抵押贷款资金满足程度	1 = 完全不满足；2 = 不满足；3 = 一般；4 = 满足；5 = 完全满足	3.852	0.865	+
	抵押贷款资金帮助程度	1 = 完全没帮助；2 = 帮助较小；3 = 一般；4 = 帮助较大；5 = 帮助非常大	4.186	0.764	+

第五节　农户对农村土地经营权抵押贷款业务满意度评价实证分析

在获得农村土地经营权抵押贷款农户样本数据基础上，利用 Stata 15.1 统计软件分别对整体样本数据以及榆树市、梅河口市样本数据进行有序 Probit 模型回归分析。在进行模型估计之前，首先利用 SPSS 22.0 软件对样本数据进行信度检验。结果显示，样本数据的信度系数为 0.826，符合探索性研究中的系数要求（大于 0.6），因此，调查样本数据具有较高的可信度。模型回归分析结果如表 4-4 所示。结果表明，整体样本数据、榆树市样本数据、梅河口市样本数据的模型对数似然比均通过了显著性检验（P = 0.0000），拟合效果较好。

模型估计结果显示，从整体上看，影响农户对农村土地经营权抵押贷款业务满意度的重要因素包括抵押贷款流程、抵押贷款政策了解程度、参与抵押贷款意愿、抵押贷款资金满足程度。影响农户满意度较为重要的因素包括金融机构贷款经历、金融机构数量、金融机构交通情况、金融机构服务满意度及抵押贷款资金帮助程度。下面具体分析农户对农村土地经营权抵押贷款满意度的各类影响因素。

一 户主个体及家庭特征

整体样本的分析结果显示，除了金融机构贷款经历，其他因素并没有对农户抵押贷款满意度产生显著影响。金融机构贷款经历对农户抵押贷款满意度在 10% 的显著性水平下有正向影响，表明农户参与农村土地经营权抵押贷款的经历越丰富，对业务的熟悉程度越高、信贷约束越低，对农村土地经营权抵押贷款的满意度就可能越高。对于榆树市农户而言，土地经营面积对农户抵押贷款满意度在 1% 显著性水平下有正向影响，说明榆树市农户的土地规模越大，其对抵押贷款的满意度就越高。同样，金融机构贷款经历对榆树市农户抵押贷款满意度在 10% 显著性水平下有正向影响。对于梅河口市而言，金融机构贷款经历同样对该地区农户抵押贷款满意度有着显著的正向影响，且通过了 10% 的显著性水平检验。

二 金融机构特征

在金融机构特征方面，模型估计结果显示，金融机构数量、金融机构交通情况及金融机构服务满意度是影响整体样本中农户对农村土地经

表4-4 农户对农村土地经营权抵押贷款业务满意度的模型估计结果

变量类型	解释变量	整体			榆树市			梅河口市		
		系数	Z值	P值	系数	Z值	P值	系数	Z值	P值
户主个体及家庭特征变量	户主性别	0.2326	1.33	0.182	0.1106	0.42	0.672	0.3215	1.40	0.163
	户主年龄	0.7328	1.14	0.253	0.2183	1.33	0.184	0.1847	0.68	0.497
	户主受教育程度	0.8492	1.40	0.163	0.1842	0.68	0.495	0.8532	1.24	0.215
	土地经营面积（亩）	0.1745	0.79	0.427	0.0125***	2.24	0.025	0.1036	1.09	0.275
	金融机构贷款经历	0.3895*	1.86	0.063	0.4385*	1.79	0.073	0.3753*	1.83	0.068
	村干部关系	-0.0539	-0.45	0.653	0.3856	1.24	0.214	-0.3219	-1.28	0.201
	银行或信用社关系	-0.0384	-0.32	0.749	-0.1352	-0.15	0.881	-0.0573	-0.41	0.682
金融机构特征变量	金融机构数量	-0.1418*	-1.69	0.091	-0.1637	-1.43	0.153	-0.1396	-1.23	0.219
	金融机构交通情况	-0.2354**	-2.18	0.029	-0.1478	-1.54	0.124	-0.1286*	-1.69	0.091
	金融机构信誉	0.1632	0.16	0.875	0.1127	0.75	0.453	0.1837	0.32	0.746
	金融机构服务满意度	0.2673**	2.00	0.045	0.3985*	1.83	0.068	0.2594	1.25	0.213
抵押贷款业务特征变量	抵押贷款流程	0.6947***	2.97	0.003	0.8948***	2.81	0.005	0.5863***	3.29	0.001
	抵押贷款便捷度	0.3284	1.53	0.125	0.2756	1.18	0.238	0.1538	1.00	0.317
	抵押贷款利率	0.1264	0.62	0.537	0.0927	0.47	0.636	0.1326	0.34	0.736
	抵押贷款优势	-0.2657	-1.58	0.114	-0.0217	0.16	0.875	-0.4751*	-1.78	0.075
农户参与业务特征变量	抵押贷款政策了解程度	0.2738***	3.09	0.002	0.2535**	2.09	0.037	0.2638***	3.29	0.001
	参与抵押贷款意愿	0.2893***	2.88	0.004	0.1532***	2.61	0.009	0.3816***	3.09	0.002
	抵押贷款资金满足程度	0.2518***	2.97	0.003	0.2128***	3.09	0.002	0.3122***	3.29	0.001
	抵押贷款资金帮助程度	0.1528*	1.77	0.076	0.3215**	2.09	0.037	0.1428*	1.74	0.082

续表

变量类型	解释变量	整体			榆树市			梅河口市		
		系数	Z值	P值	系数	Z值	P值	系数	Z值	P值
	LR statistic		314.19			115.32			174.28	
	Probability (LR stat)		0.0000			0.0000			0.0000	
	Log likelihood		-426.73521			-126.1539			-289.34652	

***、**、*分别表示1%、5%、10%的显著性水平。

营权抵押贷款满意度较为重要的因素。金融机构数量、金融机构交通情况对整体农户的满意度具有显著的负向影响，且分别通过了 10% 和 5% 的显著性水平检验；金融机构交通情况对梅河口市农户的满意度在 10% 显著性水平下有负向影响。分析认为，农户在参与农村土地经营权抵押贷款业务过程中，对金融机构交通情况的考虑要多于金融机构数量，相较而言，农户更愿意选择向交通便利且距离较近的金融机构申请贷款，由于农户申请抵押贷款的过程较长、流程较为复杂，因此交通情况会对农户的满意度产生负向影响。在金融机构服务满意度方面，该因素对整体农户以及榆树市农户的抵押贷款满意度有着显著的正向影响，且分别通过了 5% 和 10% 的显著性水平检验。可以看出，金融机构服务满意度对榆树市农户的影响要明显大于梅河口市，这可能与在榆树市抵押贷款政策背景下，农户更需要积极主动与金融机构沟通并申请抵押贷款有关，因此金融机构的服务态度对农户满意度的影响较大。

三 抵押贷款业务特征

在抵押贷款业务特征中，抵押贷款流程是对农户抵押贷款满意度具有极大影响的因素。抵押贷款流程对整体农户以及榆树市、梅河口市农户在 1% 显著性水平下具有正向影响，说明在农户参与农村土地经营权抵押贷款过程中，抵押贷款流程越简单，农户的满意度越高，因此简化抵押贷款流程成为提高农户抵押贷款满意度的有效手段。抵押贷款优势对梅河口市农户的抵押贷款满意度在 10% 显著性水平下产生负向影响，究其原因，梅河口市作为全国综合实力百强县（市）和全国投资潜力百强县（市），经济发展水平相对较高且农村金融服务水平较高、服务方式多样化，农村土地经营权抵押贷款的优势在梅河口市并没有完全发挥，当农户发生资金短缺时，在多种融资方式支持下，农户可能会选择其他融资方式来缓解资金难题。

四　农户参与业务特征

模型分析结果显示，农户参与农村土地经营权抵押贷款业务特征变量对农户满意度具有十分显著的影响。抵押贷款政策了解程度、参与抵押贷款意愿、抵押贷款资金满足程度，对整体以及榆树市、梅河口市农户抵押贷款满意度均有显著正向影响，抵押贷款资金帮助程度对整体农户满意度在 10% 显著性水平下具有正向影响。说明农户对农村土地经营权抵押贷款政策的了解程度越高，其在发生资金短缺时参与农村土地经营权抵押贷款的意愿就越高，在此基础上满意度也会越高。当农户获取贷款后，抵押贷款资金满足程度及抵押贷款资金帮助程度越高，农户的满意度也会越高。

第六节　本章小结

本章利用农户实地调研样本数据，运用有序 Probit 模型对农村土地经营权抵押贷款农户满意度及影响因素进行了实证分析，得出以下结论。

（1）农户对农村土地经营权抵押贷款业务的整体满意度较高。评价"非常满意"的农户占 17.4%，评价"满意"的农户占样本总数的 58.6%，但同时有 19.5% 的农户对农村土地经营权抵押贷款业务的满意度"一般"，因此农村土地经营权抵押贷款业务的运行情况与农户的预期仍存在一定的差距，说明农村土地经营权抵押贷款政策措施还有待进一步完善。榆树市、梅河口市评价"满意"和"非常满意"总占比分别为 64.4% 和 83.3%，整体上梅河口市农户对抵押贷款的满意度要高于榆树市。

（2）从农户对农村土地经营权抵押贷款业务满意度的影响因素来看，抵押贷款流程、抵押贷款政策了解程度、参与抵押贷款意愿、抵押贷款资金满足程度对农户满意度的影响极为显著，金融机构贷款经历、金融机构交通情况、金融机构服务满意度及抵押贷款资金帮助程度对农户满意度有着较为重要的影响。

（3）对于榆树市而言，土地经营面积、金融机构贷款经历、金融机构服务满意度、抵押贷款流程、抵押贷款政策了解程度、参与抵押贷款意愿、抵押贷款资金满足程度、抵押贷款资金帮助程度对农户满意度具有显著正向影响。对于梅河口市而言，金融机构贷款经历、抵押贷款流程、抵押贷款政策了解程度、参与抵押贷款意愿、抵押贷款资金满足程度、抵押贷款资金帮助程度对农户满意度具有显著的正向影响，金融机构交通情况、抵押贷款优势对农户满意度具有显著负向影响。

第五章

农村土地经营权抵押贷款对农户家庭收入影响评价

农户参与农村土地经营权抵押贷款业务的根本目的，是利用所获得的抵押贷款弥补资金缺口，进一步开展生产经营活动以实现自身利益的最大化。因此，抵押贷款对农户家庭收入的影响是评价农村土地经营权抵押贷款业务需求侧运行效果的重要指标。本章通过构建评价模型，利用实地调研样本数据，分析农村土地经营权抵押贷款对农户家庭收入的影响。

第一节 理论分析

农户借贷行为的目标是实现福利的最大化。农户是农村经济中的生产者，同时也是社会经济中的消费者，因此可以将其看作一个既追求生产利润最大化，又追求消费效用最大化的综合体。通过农村土地经营权抵押贷款获得的资金，农户既可以用来增加生产投入，也可以用来增加消费支出，作为一个理性经济人，农户会对生产和消费做出决策。因此，农村土地经营权抵押贷款既是促进农业生产方式转变的关键因素，同时也是增加农户收入的重要途径。

从国外的相关研究来看，学者们普遍认为农村金融会对农户收入产生重要影响。Ambrose 等（2005）、Khandker 等（2003）、Bose（1998）等研究发现，发达的农村金融市场不仅能提高农户收入水平和福利水平，同时能显著降低贫困人口数量、缩小贫富差距。Lockwood 等（1996）、Wolfe 等（2000）、Valentina 等（2008）研究认为，在一定限度内，农户收入水平的提高与贷款金额的增加有着密切联系。Iqbal（1983）利用消费者效用函数理论分析了农户借贷与收入之间的关系，发现在效用最大化条件下，消费者获得贷款会对其下期的消费及收入水平产生积极影响。持保守态度的学者中，Carter 等（2003）通过研究得出结论，只有当农民的财富达到一定程度后，土地抵押贷款才对农户增收起到显著效果，只有中等规模及大规模的农户在获取所需信贷资金后才能从土地抵押贷款中获得收益。在农业生产过程中，农村金融能在很大程度上缓解农户的资金短缺困难，以便农民通过抵押贷款等途径获得资金支持并进行农业生产，进而对提高其生产生活水平以及福利收入水平产生重要影响。从国内相关研究来看，学者们对借贷行为是否能促进农户福利的增加并没有形成统一认识。李志强等（2011）研究发现，农村房屋抵押贷款融资业务在有效缓解农户融资难问题的同时，还能有效提高农户的收入水平。鲁美辰（2013）利用模型分析工具分析了土地承包经营权抵押贷款对农户收入的影响，发现抵押贷款对农户收入结构调整及农户增收均起到一定的促进作用。曹瓅等（2014）利用 Tobit 回归模型分析了陕西、宁夏地区农村产权抵押贷款行为对农户家庭福利变化的影响，发现农村产权抵押贷款对农户家庭年收入、非农收入、生产性支出及生活消费支出均呈现显著的正向作用，对农户家庭福利水平的提高作用明显。古晓（2014）运用 DID 模型进行实证分析，发现农村产权抵押贷款对农户的人均纯收入、人均农业收入和人均非农收入均存在明显的正向作用，同时，农村产权抵押贷款在短期内对收入结构的影响不显著。于琴（2015）利用农村产权抵押贷款调研数据，运用线性分位数回归模型对不同收入水平农户的收入与非农收入进行实证分析，发现贷款经历、贷款额度对各个收入水平的农户增收均起到显著正向作用，贷款期限对各个收入水平农户的总收入、农业收入影响不显著，但对中下收入水平农户的非农收入有显著正向作用。梁虎等（2017）以宁夏和陕西地区6427户农户的数据为例，通过倾向得分匹配法，分析了农村土地抵押贷款和其他贷款行为对农户收入的影响，认为农村土地抵押贷款和其他贷款均促进了农户收入的增长。庸晖（2015）以宁夏同心县和平罗县为研究对象，利用大量实地调研资源和数据，通过PSM-DID模型对农村土地承包经营权抵押贷款农户的收入变化进行研究，认为农村土地承包经营权抵押贷款缓解了农民的融资难题，有效促进了农民的收入增长。但也有部分学者认为，农户借贷行为并不能促进农户福利的增长。许崇正等（2005）研究发现，信贷投资对农户人均收入没有显著影响，并不能有效促进农民收入的增长。黄祖辉等（2009）的研究结果显示，在忽视信贷需求的情况下，仅增加对农户的信贷供给并不能有效促进农户福利的增长。

目前，对农户借贷行为中影响农户收入的相关因素的研究已十分丰富。李庆海等（2012）研究发现，户主受教育程度、土地经营面积、生产性固定资产、社会资本、家庭人口数量、家庭劳动力数量、是否为村干部家庭等是影响农户家庭福利的重要因素。王静等（2015）利用实地调查数据研究发现，家庭劳动力占比、金融资产余额、是否加入农村合作社、家庭纯收入以及固定资产余额均是影响农户福利变化的重要因素。罗振军（2017）利用实地调研数据对黑龙江省种粮大户的借贷行为及其福利效果进行研究，认为种粮大户现阶段主要选择正规金融机构申请贷款，种粮大户申请贷款主要用于生产经营，信息成本、去金融机构的次数、去金融机构的时间及请客送礼成本是影响种粮大户选择贷款渠道的显著因素，贷款金额是影响种粮大户福利的重要因素，并显著提高了其家庭福利水平，贷款渠道对种粮大户的福利水平有重要影响，而贷款利息对福利水平不产生显著影响。王晓蒙（2017）通过固定效应模型，利用农户微观面板数据，对我国农村地区贷款行为及其对农户收入的影响进行研究，认为正规金融贷款对农户家庭纯收入具有显著的正向影响，而且这种影响表现出明显的地区差异，非正规金融贷款对农户的经营性收入具有一定的负向影响，同时不同金融贷款均未对农户家庭成员的工资性收入产生显著影响。

第二节 农村土地经营权抵押贷款对农户家庭收入影响模型设计

在农村土地经营权抵押贷款过程中，农户获得的抵押贷款金额一方面与自身资金需求有关，另一方面还受到金融机构放款要求的影响。农户自身因素或相关因素会在一定程度上影响农户的借贷行为，进而对农户收入水平产生一定的影响，所以在分析抵押贷款对农户收入的影响时，会有一部分不可观测因素对结果产生影响。目前测度福利效应较为成熟的模型是 Khandker（2003）提出的福利模型，在此基础上，提出本节的分析模型：

$$Y_i = \alpha B + \beta X_i + c + u_i \qquad (5-1)$$

其中，Y_i 代表农户福利；农户获取的抵押贷款金额用 B 表示；X_i 是样本数据中农户的特征变量；部分不可观测因素用 c 表示；u_i 代表误差项，用来表示不同农户间的差异程度；α 和 β 是未知参数。

受到不可观测因素 c 的影响，无法直接使用无偏估计进行回归分析，本节借鉴曹瓅等（2015）的研究方法，通过引入工具变量来进行辅助模型的回归分析，并选择农户贷款经历、农户对抵押贷款政策了解程度以及农户参与抵押贷款意愿等作为工具变量。考虑到农户自身因素或相关因素的内生性影响，同时考虑农户之间的异质性，在考察抵押贷款对农户收入的影响之前，需要进行样本数据的内生型检验，检验公式为：

$$B = \theta Z_i + \lambda X_i + \varepsilon \qquad\qquad (5-2)$$

其中，B 为农户获取的抵押贷款金额；Z_i 表示影响农户决策的工具变量；X_i 表示样本数据中农户的特征变量；ε 代表误差项；θ 和 λ 代表未知参数。

进行回归分析时，首先对抵押贷款金额 B 和工具变量 Z_i 进行回归分析，对贷款金额和工具变量的相关性进行检验，判断工具变量是否可作为分析福利变化的因素；其次，将农户特征变量 X_i 加入模型进行回归分析，得到误差拟合序列 $\hat{\varepsilon}$；最后，将误差拟合序列 $\hat{\varepsilon}$ 作为自变量代入公式（5-1），考察其对农户家庭收入的影响是否显著，进而判断抵押贷款是否存在内生性影响，若 $\hat{\varepsilon}$ 对农户收入存在显著性影响，说明抵押贷款对农户家庭收入存在内生性影响。

第三节　指标选取

根据前文分析可知，农户通过农村土地经营权抵押贷款所获得的资金主要用于生产性经营，而生产性经营能带来农户收入的增长。衡量农户福利的指标变量较多，为了考察农户家庭收入的变化情况，本节在借鉴已有研究的基础上，选取农户的家庭年收入、家庭农业收入、家庭非农收入作为特征变量，这些变量能较好地反映农户家庭收入的变化情况。借鉴曹瓅等（2015）的研究方法，选择金融机构贷款经历、抵押贷款政策了解程度及参与抵押贷款意愿作为工具变量。结合第四章中指标变量的理论分析与选择依据，本章选取户主性别、户主年龄、户主受教育程度、家庭人口规模、家庭劳动力数量、土地经营规模、经营类型、生产资产价值、村干部关系、银行或信用社关系、农业保险作为样本变量。

第四节　数据来源及样本数据特征分析

样本数据来源于研究团队 2017～2018 年对榆树市、梅河口市农户的入户实地调研，共获得有效问卷 349 份，其中榆树市 210 份，梅河口市 139 份。为了分析农村土地经营权抵押贷款对农户收入的影响，本节将对获得抵押贷款和未获得抵押贷款的农户样本数据进行对比分析。

一　农村土地经营权抵押贷款对农户收入变化的影响分析

为了有效测度农村土地经营权抵押贷款对农户收入的影响，本节将农户样本数据划分为两类。第一类数据是未参与过农村土地经营权抵押贷款的农户样本数据，将其定义为对照组数据；第二类数据是参与过农村土地经营权抵押贷款的农户样本数据，将其定义为实验组数据。通过对两类数据中农户的家庭年收入、家庭农业收入、家庭非农收入的平均值进行统计，同时对榆树市、梅河口市农户的相关数据平均值进行统计，考察农村土地经营权抵押贷款对农户收入和支出的影响。结果如表 5-1 所示。

表 5-1　农村土地经营权抵押贷款对农户收入变化的对比分析

单位：万元

统计类别	组别	整体（平均值）		榆树市（平均值）		梅河口市（平均值）	
		2016 年	2017 年	2016 年	2017 年	2016 年	2017 年
家庭年收入	对照组	84385	82845	82683	78745	102132	102954
	实验组	94597	95463	91348	93286	112432	112754
家庭农业收入	对照组	32437	32453	23238	21821	31752	33837
	实验组	41473	41895	41391	42263	41938	41484
家庭非农收入	对照组	48395	48287	43232	43383	48475	49375
	实验组	53845	54856	48454	49473	55465	56697

资料来源：根据调查问卷样本数据整理得到。

从分析结果来看,实验组农户的家庭年收入、家庭农业收入、家庭非农收入的平均值出现了小幅增长,相较而言,对照组农户的家庭年收入、家庭非农收入的平均值出现了一定程度的下降。因此,整体上农村土地经营权抵押贷款对农户收入增长具有一定的促进作用,但农户的福利水平并不像政策预期那样得到很大提高。

从榆树市和梅河口市两类农户的收入及变化情况来看,梅河口市农户的平均家庭年收入要高于榆树市,同时两地区的农村土地经营权抵押贷款对农户增收的促进作用都非常有限。具体分析,榆树市对照组农户的家庭年收入和家庭农业收入出现了一定程度的下降,梅河口市对照组农户的各项平均收入有小幅增长。相较而言,榆树市实验组农户的各项平均收入有一定幅度的增长,而梅河口市实验组农户的平均家庭年收入虽有小幅增长,但其增幅要小于榆树市,同时梅河口市实验组农户的平均家庭农业收入出现了小幅下降。因此,农村土地经营权抵押贷款对榆树市农户收入的影响要大于梅河口市。

二 农村土地经营权抵押贷款对农户收入影响因素统计性描述

根据前文对统计模型及变量的分析,用 B 表示农户获得农村土地经营权抵押贷款的金额;用 X_i 表示能观测到的样本数据特征变量;用 Y_i 表示农户的福利,包括家庭年收入、家庭农业收入和家庭非农收入;用 Z_i 表示影响农户决策的工具变量。各模型变量的定义及样本数据的统计性描述如表5-2所示。从统计数据来看,样本数据中户主以男性为主,占样本总数的87.7%;户主年龄范围主要集中在30~59岁;户主受教育程度以小学和初中为主;样本农户的家庭人口规模平均为4.032人;家庭劳动力数量平均为2.468人;农户家庭平均土地经营规模为17.981亩;农户获得农村土地经营权抵押贷款金额的平均值为2.563万元;农户的家庭年收入、家庭农业收入、家庭非农收入的平均值分别为18.385万元、8.465万元和9.588万元。

表 5 - 2　农村土地经营权抵押贷款对农户收入影响因素的统计性描述

变量名称	代码	变量定义	均值	标准差
抵押贷款金额	B	获得农村土地经营权抵押贷款金额（万元）	2.563	4.275
户主性别	X_1	1 = 男；0 = 女	0.877	0.342
户主年龄	X_2	1 = 30 岁以下；2 = 30 ~ 39 岁；3 = 40 ~ 49 岁；4 = 50 ~ 59 岁；5 = 60 岁及以上	3.232	1.143
户主受教育程度	X_3	1 = 小学以下；2 = 小学；3 = 初中；4 = 高中；5 = 大学及以上	2.882	1.341
家庭人口规模	X_4	家庭人口数量（人）	4.032	1.162
家庭劳动力数量	X_5	家庭主要劳动力数量（人）	2.468	1.065
土地经营规模	X_6	经营土地的面积（亩）	17.981	6.843
经营类型	X_7	1 = 纯农业；2 = 农业兼营其他；3 = 非农业兼营其他；4 = 非农业	2.384	0.893
生产资产价值	X_8	用于农业生产的设施及相关财产（万元）	6.452	3.392
村干部关系	X_9	1 = 有；0 = 无	0.142	0.385
银行或信用社关系	X_{10}	1 = 有；0 = 无	0.072	0.276
农业保险	X_{11}	1 = 有保险；0 = 无保险	0.782	0.265
金融机构贷款经历	Z_1	1 = 有；0 = 无	0.326	0.489
抵押贷款政策了解程度	Z_2	1 = 了解；0 = 不了解	0.152	0.273
参与抵押贷款意愿	Z_3	1 = 非常不愿意；2 = 不愿意；3 = 一般；4 = 愿意；5 = 非常愿意	3.793	0.896
家庭年收入	Y_1	当年家庭总收入（万元）	18.385	8.452
家庭农业收入	Y_2	当年农业总收入（万元）	8.465	6.436
家庭非农收入	Y_3	当年非农总收入（万元）	9.588	3.267

第五节　农村土地经营权抵押贷款对农户家庭收入影响实证分析

一　样本数据信度分析

在调查样本数据中，存在较多农村土地经营权抵押贷款金额数据、家庭收入统计数据为零的情况，因此本节将利用 Tobit 回归模型开展相关研究。在开展相关研究之前，需要对样本数据的可靠性进行信度分析，通过软件计算，得到样本数据的信度系数为0.814，符合一般性探索性研究要求（大于0.6），因此样本数据具有较高的可靠性。

二 农户样本数据检验

根据前文的模型设定，本节首先将农户抵押贷款金额与工具变量进行回归分析，即判断工具变量是否可作为分析福利变化的因素。回归分析结果如表5-3所示。结果显示，金融机构贷款经历、参与抵押贷款意愿对农户的抵押贷款金额产生了显著的正向影响，且分别通过了1%和5%显著性水平检验，说明这些因素与农户抵押贷款具有相关性。从样本数据统计结果来看，金融机构贷款经历、参与抵押贷款意愿的样本标准差分别为0.489和0.896（见表5-2），因此，农户有金融机构贷款经历的样本数据更加稳定。同时从表5-3不难看出，金融机构贷款经历与农户抵押贷款的相关性更大且影响更加显著，因此，选择金融机构贷款经历作为工具变量。

表5-3 工具变量模型估计结果

工具变量	估计系数	P 值
金融机构贷款经历	15.2437 ***	0.0035
抵押贷款政策了解程度	0.1352	0.8728
参与抵押贷款意愿	2.1837 **	0.0347

*** 、** 分别表示1%、5%的显著性水平。

将农户特征变量 Z_i 加入公式（5-2）进行Tobit回归分析，判断抵押贷款是否与农户收入存在内生性关系。回归分析结果显示，误差序列的估计系数及对应的P值分别为2.8942和0.241，未通过10%显著性水平下的检验，因此判断农村土地经营权抵押贷款不存在内生性问题。

三 农户收入效应分析

由前文分析可知，农村土地经营权抵押贷款与农户收入之间不存在内生性关系，因此，本节将直接对农户特征变量及农户获得抵押贷款金额进行 Tobit 回归分析，模型分析结果如表 5 - 4 所示。

表 5 - 4　农村土地经营权抵押贷款对农户的收入效应

变量名称	整体			榆树市			梅河口市		
	家庭年收入	家庭农业收入	家庭非农收入	家庭年收入	家庭农业收入	家庭非农收入	家庭年收入	家庭农业收入	家庭非农收入
抵押贷款金额	0.8682	0.3628*	0.5749	1.3426*	0.6348*	0.5623	0.2378	0.6123	1.2834*
户主性别	2.2385	0.6728	1.9457	4.2456	1.2345	2.3369	6.5349	-0.3285	9.6584
户主年龄	1.3849	-0.3467	1.3856*	1.2394*	0.4743*	1.1533	2.1486	-0.4856	3.2835
户主受教育程度	4.5293**	-0.1245	4.6345	2.6459*	0.3464**	1.3467	7.4829*	-0.3295	7.8932**
家庭人口规模	-1.2356	0.5848	-0.8495	-0.3251	0.4578*	-0.2363	0.4865	0.1284	0.2385
家庭劳动力数量	1.2384	0.4339	0.7485	-0.8328	-0.1283	-0.4392	3.4932*	0.8942	8.4876
土地经营规模	0.1245*	0.3343**	0.0374	0.2385**	0.1274*	0.3664	0.0383**	0.1264*	-0.1836
经营类型	3.4586*	0.1283*	3.4553*	-2.2853	3.2574	-1.3464	8.5943*	-2.4755***	23.5475**
生产资产价值	0.3284**	-0.3471*	1.2354*	0.2386	0.7329*	0.4572	1.3954	-0.3474*	0.4127
村干部关系	-2.3567	1.2384*	-3.2356	-0.4543	0.3549	-0.8432	2.6532*	0.2754	3.2573**
银行或信用社关系	-1.2485	2.3384	-2.3857*	-0.2375	0.5432	-1.2356	-0.3864*	0.4352	-2.3465
农业保险	2.4833	0.1385	1.3858	1.4574	0.5493	1.2385	2.5943	1.4869	-0.3727
常数项	-25.3845	-5.3875	-22.3845	1.5395	-18.4566	12.4838	-48.5731	7.8937	-89.6843

注：表中统计数值为回归系数，***、**、*分别表示1%、5%、10%的显著性水平。

从模型整体分析结果来看，农村土地经营权抵押贷款金额在10%显著性水平下对农户的家庭农业收入有正向影响，但对农户的家庭年收入、家庭非农收入并没有显著影响。这说明，农户在获得农村土地经营权抵押贷款资金后，将其投入农业生产经营中，在一定程度上促进了农业收入的增长，但抵押贷款对农户的家庭非农收入及家庭年收入没有明显的促进作用。户主受教育程度、土地经营规模、经营类型、生产资产价值对农户参与农村土地经营权抵押贷款有显著影响，并在抵押贷款后间接影响了农户的家庭年收入。

从不同地区来看，榆树市农村土地经营权抵押贷款金额对农户的家庭年收入、家庭农业收入在 10% 显著性水平下有正向影响，而对农户的非农收入没有显著影响；梅河口市农村土地经营权抵押贷款金额对农户的家庭非农收入在 10% 显著性水平下具有正向影响，而对农户的家庭年收入、家庭农业收入没有显著影响。因此，农村土地经营权抵押贷款对提高榆树市农户的家庭农业收入和家庭年收入具有一定的促进作用，而对梅河口市农户的家庭非农收入具有一定的促进作用。究其原因，可能与不同地区农村经济发展水平、政策措施的差异有关，导致农村土地经营权抵押贷款对农户的收入变化产生不同的影响。相对而言，榆树市农户大多会将获得的抵押贷款用于农业生产经营，增加自身的农业收入，进而带动家庭年收入的增加；梅河口市农户在获得抵押贷款后，不仅将其用于农业生产经营，同时还较多地用于非农经营活动，从而对农户的家庭非农收入增长具有较大促进作用。

第六节　本章小结

本章利用实地调研样本数据，运用 Tobit 回归模型开展农村土地经营权抵押贷款对农户家庭收入影响的实证研究，得出以下结论。

（1）农村土地经营权抵押贷款对农户家庭收入的增长具有一定的促进作用，但农户的福利水平并不像政策预期那样得到很大提高。梅河口市农户的平均家庭年收入要高于榆树市，但榆树市农村土地经营权抵押贷款对农户增收的促进作用要大于梅河口市，同时两地区的农村土地经营权抵押贷款对农户增收的促进作用都非常有限。

（2）从影响农户家庭收入的因素来看，榆树市农村土地经营权抵押贷款金额对农户的家庭年收入、家庭农业收入具有显著的正向影响；梅河口市农村土地经营权抵押贷款金额对农户的家庭非农收入具有显著的正向影响。因此，农村土地经营权抵押贷款对提高榆树市农户的家庭农业收入和家庭年收入具有一定的促进作用，而农村土地经营权抵押贷款对梅河口市农户的家庭非农收入具有一定的促进作用。

第六章

金融机构农村土地经营权抵押
贷款业务运行效率评价

第四章和第五章从吉林省农村土地经营权抵押贷款需求侧角度，对农户满意度及抵押贷款对家庭收入的影响进行了实证分析，并对各类影响因素进行了对比分析。本章将从农村土地经营权抵押贷款供给侧参与主体的视角出发，对金融机构开展农村土地经营权抵押贷款业务的运行效率进行实证分析。在开展农村土地经营权抵押贷款业务过程中，金融机构必然会对成本及业务所带来的收益加以考量，因此通过对金融机构开展农村土地经营权抵押贷款业务运行效率的测算，能更有针对性地提升金融机构的经营效率，更有效地提高农村土地经营权抵押贷款供给侧的运行效果。通过对影响运行效率内外部因素的分析，为政府及金融机构制定农村土地经营权抵押贷款政策提供参考。

第一节　理论分析

在通常情况下，农村金融产品的服务对象主要是农户等需求主体，而农户存在抵押资质不足、抵押物缺乏、还款能力弱等特点，金融机构在开展农村土地经营权抵押贷款业务时，会充分考虑风险及回报率。在较大风险及较低回报率的影响下，金融机构会更倾向于将金融资金投到安全性更好、收益率更高的其他金融产品上。因此,为了促进金融机构积极开展农村土地经营权抵押贷款业务,在对农村土地经营权抵押贷款供给侧运行效果进行评价时,需要对金融机构开展农村土地经营权抵押贷款业务的投入产出效益进行考量。同时,金融机构在开展农村土地经营权抵押贷款业务时,为了更好地保证经营效率的可持续性,会充分考虑各种内外部因素的影响。因此,为了深入分析金融机构的运行效率,应对相关的内外部因素进行综合考察。

目前有关农村土地经营权抵押贷款金融机构运行效率的研究较多,为本书提供了很好的借鉴思路。杨云(2010)对福建省金融机构开展林权抵押贷款的绩效进行研究,发现农村金融机构开展林权抵押贷款业务可以明显提升经营绩效。金融机构作为农村土地经营权抵押贷款的供给主体,其业务办理的效果关系到农村土地经营权抵押贷款业务是否可持续。王兴稳等(2007)认为影响金融机构发放农村土地经营权抵押贷款的关键因素是土地所能带来的经济效益。张龙耀等(2015)研究发现,农村土地经营权抵押贷款的供应及试点效果与地方政府的金融支持政策、风险担保与补贴力度等有直接关系。李善民(2015)研究认为地方政府出台农村土地经营权抵押贷款支持政策是积极推动金融机构开展相关贷款业务的最优策略。马嘉鸿(2016)对辽宁省昌图县金融机构发放的农村土地经营权抵押贷款供给绩效进行分析后发现,农村土地经营权抵押贷款业务提高了金融机构的综合运行效率。曾庆芬(2011)研究发现,农村土地承包经营权对提高农户信用等级、防范贷款风险具有重要作用,不仅能有效降低农户的信贷违约率,还可以减少农村信用社的监督成本。惠献波(2014)运用DEA分析法,通过河南省28家农村信用社的调查数据,从总技术效率、纯技术效率和规模效率等视角对金融机构开展农村土地经营权抵押贷款的运行效率进行了测算,利用Tobit回归模型分析了运行效率影响因素的作用方向及效果。曹瓅(2017)采用DEA分析法对西北地区试点县金融机构办理农村土地经营权抵押贷款业务的运行效率进行了测算，认为同心县的农村土地经营权抵押贷款业务占比要高于平罗县，但同心县抵押贷款单笔收入要低于平罗县，同时不同农村土地经营权抵押贷款模式下金融机构的纯技术效率和规模效率均存在差异。林乐芬等（2011）采用二项 Logistic 回归模型对宁波市部分农村金融机构开展农村土地经营权抵押贷款的意愿及影响因素进行了分析，同时提出了政策建议。林乐芬等（2015）在对江苏省东海县农村土地经营权抵押贷款试验区 418 名县乡村管理者调查问卷的基础上，运用 AHP 层次分析法对试验区农村土地经营权抵押贷款制度的运行效果进行分析，结果显示，试验区政策环境良好，抵押贷款制度运行初见成效。

为了从金融机构角度分析农村土地经营权抵押贷款供给侧的运行效果，以更好地促进该业务的可持续发展，本章将对金融机构开展农村土地经营权抵押贷款业务的运行效率进行测算，分析引起效率变化的影响因素，为农村土地经营权抵押贷款业务的健康发展提供微观数据支撑。

第二节　金融机构农村土地经营权抵押贷款业务运行效率评价模型设计

为了更加科学地测度金融机构开展农村土地经营权抵押贷款业务的运行效率，结合实地调查数据，在借鉴惠献波（2014）、曹璨（2017）、梁虎等（2017）等研究成果的基础上，本节从金融机构的投入和产出角度出发，运用包络分析法，从综合效率、纯技术效率及规模效率方面开展吉林省农村土地经营权抵押贷款业务金融机构运行效率的实证研究，同时运用 Tobit 回归分析模型对各种影响因素进行测度。

在运用包络分析法进行分析时，首先将每一个金融机构运营网点看作一个独立的决策单元（DMU）。在开展农村土地经营权抵押贷款业务时，每个决策单元有 m 种投入和 n 种产出，假设第 j 个决策单元的第 i 项投入总量为 X_{ij}，产出总量为 Y_{ij}，那么样本数据的农村土地经营权抵押贷款业务投入向量则为 $X_j = (X_{1j}, X_{2j}, X_{3j}, \cdots, X_{nj})^T$，业务产出向量为 $Y_j = (Y_{1j}, Y_{2j}, Y_{3j}, \cdots, Y_{nj})^T$。在此基础上，利用规模报酬 BBC 模型对各个金融机构运营网点农村土地经营权抵押贷款运行效率情况进行分析：

$$V_D = \min\theta$$

$$\text{s. t.} \begin{cases} \sum_{j=1}^{k} \lambda_j X_j \leqslant \theta X_t \\ \sum_{j=1}^{k} \lambda_j Y_j \geqslant Y_t \\ \sum_{j=1}^{k} \lambda_j = 1 \\ \lambda_j \geqslant 0, j = 1, 2, 3, \cdots, k \end{cases} \qquad (6-1)$$

其中，λ_j 表示 k 个决策单位的组合权重，V_D 代表的是第 t 个决策单元的相对效率。在此基础上引入松弛变量，则：

$$V_D = \min\theta$$

$$\text{s. t.} \begin{cases} \sum_{j=1}^{k} \lambda_j X_j + S^{-0} = \theta X_t \\ \sum_{j=1}^{k} \lambda_j Y_j - S^{+0} = Y_t \\ \sum_{j=1}^{k} \lambda_j = 1 \\ S^{-0} \geqslant 0, S^{+0} \geqslant 0 \end{cases} \qquad (6-2)$$

其中，θ 表示的是样本单位的相对效率，其值介于 0 和 1 之间，S^{+0} 和 S^{-0} 表示松弛变量。当 $\theta < 1$ 时，表明第 t 个金融机构运营网点开展农村土地经营权抵押贷款业务无效；当 $\theta = 1$ 时，表明第 t 个金融机构运营网点开展农村土地经营权抵押贷款业务是相对有效的，这时，若 $S^{-0} = S^{+0} = 0$，则说明该金融机构运营网点开展农村土地经营权抵

押贷款业务有效，若 $S^{-0}>0$ 或 $S^{+0}>0$，则说明该金融机构运营网点开展农村土地经营权抵押贷款业务弱有效，即只存在纯技术有效或规模有效。

第三节　数据来源与指标选取

在利用 DEA 模型对金融机构的运营效率进行测算时，投入和产出指标的选择是关键。目前，对金融机构的运行效率进行测算时，多采用中介法、生产法和资产法等常用方法。相较而言，中介法具有指标易获取、普适性强等特点，因此常被用来测算金融机构的运行效率。中介法选取的投入指标主要包括贷款余额、固定资产价值、营业费用等，产出指标主要包括营业收入或利润等（迟国泰等，2006；段永瑞等，2013；张珩等，2013；胡竹枝等，2015）。因此，本节将运用中介法来选取决策单元的投入和产出指标。研究团队在对榆树市、梅河口市实地调查的过程中发现，农村金融机构运营网点并没有对农村土地经营权抵押贷款业务的利润进行单独核算，对经营情况的考察主要是通过核算业务的总利润来反映，因此无法通过金融机构总体业务情况来考察农村土地经营权抵押贷款业务的效果。为此，在借鉴孙倩等（2012）、段永瑞等（2013）、张珩等（2013）研究成果的基础上，本节选取贷款收入作为表征农村土地经营权抵押贷款业务的产出指标，选取可贷资金、固定资产净值、经营投入、财政补贴、贷款余额作为投入指标。各指标变量及定义如表 6-1 所示。

样本数据来源于研究团队 2017~2018 年分别对榆树市和梅河口市开展农村土地经营权抵押贷款业务的金融机构的实地调研，分别得到两个地区 2016~2017 年的相关统计数据。调研采用问卷及座谈等形式来开展，调查内容主要涉及农村信用社及相关涉农银行的投入产出相关数据，共涉及金融机构运营网点 15 家，其中榆树市 6 家，梅河口市 9 家。

表 6 - 1　金融机构投入产出指标体系

指标类型	指标变量	指标定义
投入指标	可贷资金	存款余额、同业拆入、再贷款额等
	固定资产净值	账面固定资产净值
	经营投入	机构营业费用
	财政补贴	财政补贴收入
	贷款余额	已发放的农村土地经营权抵押贷款总额
产出指标	贷款收入	农村土地经营权抵押贷款收入额

在对金融机构开展农村土地经营权抵押贷款业务的运行效率进行测度时，应充分考虑其可能存在的内外部影响因素（惠献波，2014），可能影响金融机构运营效率的内外部因素主要包括以下几方面。

（一）内部因素

对于金融机构而言，农村土地经营权抵押贷款业务的不良贷款率越低，其资产质量和盈利能力就越高，农村土地经营权抵押贷款占贷款总额的比例越高，其运行效率越高，因此本书预设农村土地经营权抵押贷款占比与金融机构运营网点的运行效率正相关。

贷款额占比反映的是金融机构的资金配置能力，贷款额占比越高，金融机构对各类资金的配置能力越强，这时金融机构对贷款业务的管理能力越强，进而经营效率越高，因此本书预设贷款额占比与金融机构运营网点的运行效率正相关。

不良贷款率能在很大程度上削弱金融机构的资金周转能力，不良贷款率越高，其经营效率越低，因此本书预设不良贷款率与金融机构运营网点的运行效率负相关。

资本充足率是衡量金融机构经营安全程度的指标，金融机构资本充足比例越高，其资产的安全性越高，金融机构的资本实力也就越强，从而越能稳健地维持金融机构的日常运营，此时金融机构的综合效率也会越高，因此本书预设该指标与金融机构运营网点的运行效率正相关。

（二）外部因素

在产业结构中，农业所占比重可以反映农村金融机构所处的外部经济环境。通常情况下，一个地区的外部经济越发达，其发展农村经济的能力就越强，农村金融机构的运行效率也就越高。对于外部经济欠发达的地区而言，在政策环境的影响下，金融机构会将大部分信贷资金投入风险较大、经营效益较低的农业部门，受农业资金回收周期长、经营效益低的影响，金融机构的运行效率降低，因此本书预设农业产值占比与金融机构的运行效率负相关。

农业人口密度会对金融机构开展农村土地经营权抵押贷款业务的运行效率产生补充效应和边际效应。一方面，农业人口密度可以间接衡量地区的农业发展潜能，当农业人口密度较高时，农村金融机构的资金流向农业领域的可能性较大，金融机构的农村土地经营权抵押贷款业务会相对增多，由此获得的经营效益也会增多，因此产生正向的补充效应。另一方面，农业人口密度反映出农村地区的人口密集程度，由于农业生产资源有限，农业人口密度越大，农民的人均收入越低，导致农村地区投入增加但产能减少，因此产生负向的边际效应。总体而言，边际效应会高于补充效应，因此本书预设农业人口密度与金融机构的运行效率呈负相关关系。

本书从金融机构的内外部因素考虑，在借鉴惠献波（2014）研究方法的基础上，结合实地调研情况，选择农村土地经营权抵押贷款占比、贷款额占比、不良贷款率、资本充足率作为内部指标，选择农业产值占比、农业人口密度作为外部指标。影响因素指标如表6-2所示。

表6-2 金融机构运行效率影响因素指标体系

指标类型	指标变量	指标定义
内部因素	农村土地经营权抵押贷款占比	农村土地经营权抵押贷款额/贷款总额
	贷款额占比	贷款总额/存款总额

指标类型	指标变量	指标定义
内部因素	不良贷款率	不良贷款额/贷款总额
	资本充足率	资产对风险的比率
外部因素	农业产值占比	农业总产值/GDP
	农业人口密度	农业人口/总面积

第四节　金融机构农村土地经营权抵押贷款业务运行效率评价实证分析

一　金融机构农村土地经营权抵押贷款业务运行效率分析

分别对榆树市和梅河口市所有金融机构运营网点 2016～2017 年开展农村土地经营权抵押贷款业务的截面数据进行测算，得到两个地区金融机构开展农村土地经营权抵押贷款业务的综合效率、纯技术效率和规模效率的平均值。其中，综合效率值为纯技术效率和规模效率值的乘积，因此，综合效率由纯技术效率和规模效率共同决定。计算结果如表 6-3 所示。

表 6-3　金融机构抵押贷款运行效率分析

运行效率	榆树市		梅河口市	
	2016 年	2017 年	2016 年	2017 年
综合效率（平均值）	0.746	0.719	0.692	0.843
纯技术效率（平均值）	0.813	0.826	0.746	0.874
规模效率（平均值）	0.917	0.871	0.928	0.965

从榆树市来看，2016～2017 年榆树市金融机构的综合效率分别为 0.746 和 0.719，规模效率分别为 0.917 和 0.871，均出现了小幅下降，纯技术效率分别为 0.813 和 0.826，出现了小幅增长。榆树市开展农村

土地经营权抵押贷款业务时，以农村土地经营权抵押贷款市场化运作为基础，以商业化模式开展相关业务，因此信贷员的审核风险以及金融机构的运营成本低，但随着农村土地经营权抵押贷款业务的扩大，基层农村金融机构在资金投入、人员投入以及网点规模方面并没有相应增加，因此在一定程度上降低了客户经理办理农村土地经营权抵押贷款业务的积极性和效率。

从梅河口市来看，2016～2017 年梅河口市金融机构的综合效率、纯技术效率和规模效率均出现了小幅增长。自 2015 年吉林省在梅河口市召开农村土地经营权抵押贷款试点工作开始，梅河口市成为吉林省首个"两证"试点单位，2016 年梅河口市成为国家批准的吉林省 15 个农村土地经营权抵押贷款试点地区之一，梅河口市农村土地经营权抵押贷款试点工作受到当地政府的大力扶持，银行客户经理办理农村土地经营权抵押贷款业务的积极性较高，因此各金融机构运营网点的综合效率也较高。随着业务的开展，农户对抵押贷款业务的了解逐渐增加，贷款业务量也不断增加，同时，地方政府在积极开展普惠金融服务建设的同时，不断提供政策支持，积极搭建抵押流转平台，通过出台《梅河口市农村土地承包经营确权登记颁证试点工作实施方案》等政策措施，为规范抵押贷款业务流程、促进土地抵押流转提供条件，构建"政银担保投"联动的支农机制，不断推动金融资源和社会资本转向农村经济。经过两年的试点探索，金融机构及银行客户经理对抵押贷款业务的熟悉程度不断提升，在政府扶持下，金融机构及银行客户经理对业务前景的预测均有所改善，因此服务网点规模也有所扩大，金融机构的运行效率得到提升。

通过对榆树市 6 家、梅河口市 9 家金融机构运营网点 2016～2017 年开展农村土地经营权抵押贷款业务运行效率的测算，得到结果如表 6-4 和表 6-5 所示。

表6-4　榆树市金融机构运营网点抵押贷款运行效率

网点编号	2016 年			2017 年		
	综合效率	纯技术效率	规模效率	综合效率	纯技术效率	规模效率
1	1.000	1.000	1.000	0.833	0.856	0.973
2	0.236	0.895	0.264	0.254	0.985	0.258
3	1.000	1.000	1.000	0.975	1.000	0.975
4	0.464	0.478	0.971	1.000	1.000	1.000
5	0.828	0.885	0.936	0.781	0.792	0.986
6	0.729	0.872	0.836	0.540	0.573	0.942
平均值	0.710	0.855	0.818	0.731	0.868	0.856

表6-5　梅河口市金融机构运营网点抵押贷款运行效率

网点编号	2016 年			2017 年		
	综合效率	纯技术效率	规模效率	综合效率	纯技术效率	规模效率
1	1.000	1.000	1.000	1.000	1.000	1.000
2	0.669	0.686	0.975	1.000	1.000	1.000
3	0.736	0.746	0.987	0.896	0.896	1.000
4	0.432	0.432	1.000	0.838	0.857	0.978
5	1.000	1.000	1.000	1.000	1.000	1.000
6	0.424	0.478	0.887	0.514	0.589	0.873
7	0.763	0.783	0.974	0.882	0.887	0.994
8	0.814	0.814	1.000	1.000	1.000	1.000
9	1.000	1.000	1.000	0.946	1.000	0.946
平均值	0.756	0.771	0.980	0.897	0.914	0.977

从榆树市金融机构运营网点的情况来看，2016～2017 年其综合效率平均值分别为 0.710 和 0.731，出现了小幅增长，两个年份综合效率值达到 1.000 的金融机构运营网点数量分别为 2 家和 1 家，分别占运营网点总数的 33.3% 和 16.7%，说明 2016～2017 年榆树市大部分金融机构运营网点并未达到有效状态，且处于有效状态下的运营网点呈减少趋势。从纯技术效率来看，2016～2017 年的平均值分别为 0.855 和

0.868，出现了小幅增长，其中样本1和样本6出现了较大幅度的下降，样本4出现了较大幅度的增长。具体来看，样本1的纯技术效率由2016年的1.000下降为2017年的0.856，样本6的纯技术效率由2016年的0.872下降为2017年的0.573。这可能是在农村土地经营权抵押贷款业务过程中，两个运营网点没有及时做好资源配置，使得业务运行过程中存在投入资源浪费、技术效率下降等问题。因此，对于这两个运营网点而言，需要在开展农村土地经营权抵押贷款业务时调整好内部资源配置，合理控制抵押贷款业务投入成本，在提高纯技术效率的同时，提升综合效率。对于样本4而言，其纯技术效率由2016年的0.478增长至2017年的1.000，在纯技术效率大幅提升的同时，综合效率达到了有效状态。究其原因，该运营网点2016年才开始涉及农村土地经营权抵押贷款业务，在加大业务投入的同时，由于该网点各项措施不够完善、客户经理对业务不够熟悉，在开展农村土地经营权抵押贷款业务时为了有效规避信贷风险，审批贷款较为严格，另外客户经理处理业务较为谨慎，因此该网点抵押贷款业务量较少，进而导致其纯技术效率较低。随着该网点对农村土地经营权抵押贷款业务的不断探索，2017年该网点对资金及人员等进行了合理配置，使得其农村土地经营权抵押贷款业务量及收入水平有了大幅提升，其纯技术效率也达到了有效状态。从规模效率来看，榆树市金融机构运营网点2016年和2017年的平均值分别为0.818和0.856，有了小幅增长，除了样本2和样本6，其他运营网点的规模效率均在0.936及以上，表明大部分运营网点的规模效率较高且比较稳定，即在开展农村土地经营权抵押贷款业务的过程中，资源投入与发展规模较为平衡。对于样本2而言，其2016～2017年规模效率较低，同时其纯技术效率出现了一定幅度的增长，因此可以看出，在开展农村土地经营权抵押贷款业务时，虽然其也在积极地调整资源配置，但资源配置与其自身发展规模并不协调，因此该网点需要在提高纯技术效率的同时，兼顾自身发展规模，实现农村土地经营权抵押贷款业务的可持续发展。

从梅河口市来看，2016～2017年其金融机构运营网点的综合效率平均值分别为0.756和0.897，表现出一定幅度的增长，两个年份综合效率值达到1.000的金融机构运营网点数量分别为3家和4家，分别占运营网点总数的33.3%和44.4%。与榆树市类似，2016～2017年梅河口市很大一部分金融机构运营网点并未达到有效状态，虽然呈有效状态的运营网点表现出增加趋势，但运营网点的运行效率并不乐观，有必要提升农村土地经营权抵押贷款业务的管理水平，进而提高综合运行效率。从纯技术效率来看，2016～2017年的平均值分别为0.771和0.914，出现了较大幅度的增长。在所有样本中，样本2、样本8的纯技术效率分别从2016年的0.686、0.814上升至2017年的1.000和1.000，均达到了有效状态。对于样本4，其纯技术效率从2016年的0.432上升至2017年的0.857，增长了近一倍。以上可以说明，随着梅河口市农村土地经营权抵押贷款业务的逐渐开展，在政府大力扶持下，金融机构运营网点积极进行资源投入，初见成效，因此综合效率出现了较大幅度的增长。从规模效率来看，梅河口市金融机构运营网点2016～2017年的平均值分别为0.980和0.977，变动幅度不大，所有运营网点的规模效率在出现小幅变化的情况下基本维持在相对稳定状态，且整体效率较高。因此，在开展农村土地经营权抵押贷款业务的过程中，梅河口市金融机构运营网点的资源配置与其发展规模较为协调。

二　金融机构农村土地经营权抵押贷款业务运行效率影响因素分析

在前文分析结果的基础上，本部分以金融机构开展农村土地经营权抵押贷款业务的运行效率为因变量，以影响金融机构运行效率的各类因素为自变量，分别对榆树市和梅河口市金融机构样本数据进行Tobit回归分析，进而分析两个地区金融机构运行效率的影响因素。在开展相关研究之前，需要对样本数据的可靠性进行信度分析，通过软件计算，得到榆树市、梅河口市样本数据的信度系数分别为 0.752 和 0.698，均符合一般性探索性研究要求（大于 0.6），因此两个地区的样本数据均具有较高的可靠性。榆树市、梅河口市的模型估计结果如表 6-6 和表 6-7 所示。

表 6-6　榆树市金融机构运行效率影响因素模型估计

变量	综合效率		纯技术效率		规模效率	
	系数	P 值	系数	P 值	系数	P 值
农村土地经营权抵押贷款占比	0.386 ***	0.002	0.296 **	0.036	0.416 ***	0.001
贷款额占比	0.236	0.315	0.274	0.218	0.417 **	0.028
不良贷款率	-0.247 ***	0.001	-0.229 ***	0.000	-0.387 ***	0.000
资本充足率	0.317	0.173	0.258	0.214	0.415	0.134
农业产值占比	0.255 ***	0.028	0.356 ***	0.000	0.1427	0.231
农业人口密度	0.125	0.258	-0.023	0.756	0.011 *	0.084
C（常数项）	0.238	0.000	0.156	0.000	0.178	0.000

*** 、 ** 、 * 分别表示1%、5%、10%的显著性水平。

表 6-7　梅河口市金融机构运行效率影响因素模型估计

变量	综合效率		纯技术效率		规模效率	
	系数	P 值	系数	P 值	系数	P 值
农村土地经营权抵押贷款占比	0.564 ***	0.000	0.195 ***	0.008	0.519 ***	0.000
贷款额占比	0.241 *	0.078	0.586	0.216	0.356	0.178
不良贷款率	-0.145 **	0.048	-0.275 ***	0.005	-0.573 ***	0.000
资本充足率	0.215	0.225	0.381	0.218	0.254	0.123
农业产值占比	0.285	0.136	0.385 **	0.045	0.233	0.137
农业人口密度	0.356	0.225	0.267	0.126	0.329	0.221
C（常数项）	0.156	0.000	0.267	0.000	0.326	0.000

*** 、 ** 、 * 分别表示1%、5%、10%的显著性水平。

从榆树市的情况来看，农村土地经营权抵押贷款占比对金融机构的综合效率、纯技术效率和规模效率均产生了显著的正向影响。其中，综合效率、规模效率均通过了1%的显著性水平检验，纯技术效率通过了5%的显著性水平检验。这说明，开展农村土地经营权抵押贷款业务，对榆树市金融机构的运行效率产生了显著的正向效应，且农村土地经营权抵押贷款占比越大，金融机构运行效率的提升效果越明显。贷款额占比对榆树市金融机构的规模效率在5%的显著性水平下有正向影响，表明贷款额占比越高，榆树市金融机构越可以提高贷款资金配置能力，越可以有效降低经营成本、提高经营效益，从而实现规模效率的提升。不良贷款率对综合效率、纯技术效率、规模效率均在1%的显著性水平下有负向影响。对于金融机构而言，不良贷款率越高，其拥有资产的质量越会下降、面临的信用风险越会加大，越会导致其运行效率下降。因此，在开展农村土地经营权抵押贷款业务时，不良贷款率越高，金融机构的运行效率下降越明显。至于外部因素，农业产值占比对金融机构的综合效率、纯技术效率在1%的显著性水平下具有正向影响。这说明，对于榆树市而言，通过加大农业产业投资力度、提高农业产业的生产总值，可以有效地提升农村金融机构的运行效率。从农业人口密度来看，其对金融机构的规模效率在10%的显著性水平下具有正向影响，即当人口密度增大时，金融机构的规模效率表现出较为显著的增长。农业人口集聚效应会促进农村资金向金融机构流动，当农业人口密度增加时，金融机构会通过扩大规模形成经济效益，因此会显著提高其规模效率。

从梅河口市的计算结果来看，农村土地经营权抵押贷款占比对金融机构的综合效率、纯技术效率和规模效率均在1%的显著性水平下具有正向影响。因此，农村土地经营权抵押贷款业务占比越大，梅河口市金融机构运行效率的提升效果越明显。贷款额占比对梅河口市金融机构的综合效率在10%的显著性水平下具有正向影响，即贷款额占比越高，金融机构越能有效降低运营成本、提高经营效益，其综合运行效率越会不断提升。不良贷款率对金融机构的综合效率在5%的显著性水平下具有负向影响,对纯技术效率和规模效率在1%的显著性水平下具有负向影响。这说明,在开展农村土地经营权抵押贷款业务的过程中,不良贷款率越高,梅河口市金融机构农村土地经营权抵押贷款业务的运行效率越会出现下降。农业产值占比对梅河口市金融机构的纯技术效率在5%的显著性水平下具有正向影响,这说明,农业产值占比越高,金融机构的资源配置能力越强,对提升其纯技术运行效率的效果越明显。

第五节　本章小结

本章从农村土地经营权抵押贷款供给侧视角出发,利用实地调研数据,运用DEA方法和Tobit回归分析法对参与农村土地经营权抵押贷款业务的金融机构的运行效率及影响因素进行了实证分析,得出以下结论。

(1)2016~2017年榆树市金融机构的综合效率、规模效率均出现了小幅下降,纯技术效率出现了小幅增长,存在资源配置效率下降等问题。2016~2017年梅河口市金融机构的综合效率、纯技术效率和规模效率均出现了小幅增长,在政策支持与政府扶持下,梅河口市各金融机构运营网点的综合效率相对较高,银行客户经理参与抵押贷款业务的积极性也相对较高。

(2)从金融机构运营网点的运行效率来看,2016~2017年榆树市大部分金融机构运营网点并未达到有效状态,且有效状态下的运营网点呈减少趋势。由于榆树市大部分金融机构运营网点的规模效率较高且较稳定,因此需要在开展农村土地经营权抵押贷款业务时调整好内部资源配置,合理控制抵押贷款业务投入成本,在提高纯技术效率的同时,提升综合效率。2016~2017年梅河口市各金融机构运营网点的综合效率相对较高,银行客户经理参与抵押贷款业务的积极性也相对较高。2016~2017年梅河口市大部分金融机构运营网点并未达到有效状态,虽然呈有效状态的运营网点表现出增加趋势，但运营网点的运行效率并不乐观，有必要提高农村土地经营权抵押贷款业务的管理水平，进而提高综合效率。

（3）从金融机构农村土地经营权抵押贷款业务运行效率的影响因素来看，对于榆树市而言，农村土地经营权抵押贷款占比对金融机构的综合效率、纯技术效率和规模效率均产生了显著的正向影响；贷款额占比、农业人口密度对金融机构的规模效率具有显著的正向影响；不良贷款率对金融机构的综合效率、纯技术效率和规模效率均表现出显著的负向影响。对于金融机构而言，不良贷款率越高，其拥有资产的质量越会下降、面临的信用风险越会加大，越会导致运行效率下降。农业产值占比对金融机构的综合效率、纯技术效率具有显著的正向影响。对于梅河口市而言，农村土地经营权抵押贷款占比对金融机构的综合效率、纯技术效率和规模效率均具有显著的正向影响；贷款额占比对金融机构的综合效率具有显著的正向影响，即贷款额占比越高，金融机构越能有效降低运营成本、提高经营效益，其综合效率越会不断提升；不良贷款率对金融机构的综合效率、纯技术效率和规模效率具有显著的负向影响，在开展农村土地经营权抵押贷款业务过程中，不良贷款率越高，金融机构农村土地经营权抵押贷款业务的运行效率越会出现下降；农业产值占比对金融机构的纯技术效率具有显著的正向影响。

第七章

银行客户经理对农村土地经营权
抵押贷款运行效果满意度评价

为了更好地分析农村土地经营权抵押贷款供给侧的运行效果，在第六章进行金融机构运行效率评价的同时，还需要对金融机构的供给意愿及影响因素进行考量。银行客户经理作为金融机构抵押贷款业务的执行者，其对业务的办理意愿、前景预测以及满意度评价是体现金融机构供给意愿的重要因素。因此，在开展农村土地经营权抵押贷款业务过程中，银行客户经理对该业务运行效果满意度的评价是评估供给侧运行效果的重要指标。

第一节　理论分析

在农村土地经营权抵押贷款业务开展过程中，金融机构大多对银行客户经理实行绩效提成制度，因此银行客户经理都在比较积极地推广农村土地经营权抵押贷款业务。为了在一定程度上规避信用风险，金融机构对银行客户经理实施了较为严格的问责制度，在开展农村土地经营权抵押贷款业务过程中，银行客户经理在是否向农户发放抵押贷款方面具有较大的独立性，而金融机构将客户经理的绩效提成与其抵押贷款质量相挂钩。因此，银行客户经理对农村土地经营权抵押贷款业务的态度在一定程度上反映了金融机构对该业务的态度。所以，银行客户经理对农村土地经营权抵押贷款业务的办理意愿、满意度及前景预测是衡量金融机构业务运行效果的重要因素。

有关银行信贷员或银行客户经理对农村土地经营权抵押贷款业务评价及影响因素的研究文献较多，学者们从银行客户经理参与意愿、满意度、前景预测等诸多层面开展了相关研究。兰庆高等（2013）运用Probit 模型进行实证研究后发现，影响信贷员开展农村土地经营权抵押贷款业务的主要因素包括农户性质、农地规模、农地产权稳定性、农地产权评估价值及评估体系、农地权利赎回成本、相关法律法规的健全程度及地方政府的政策导向等。黄惠春等（2013）利用层次分析法对江苏省新沂农商行发放农村土地经营权抵押贷款进行实证研究，认为贷款经营项目、农地产出价值、农地流转价格、租金交付方式等是重要的影响因素，同时农户违约导致抵押物较难收回等环境因素也是影响信贷员供给意愿的重要因素。高勇（2016）基于安徽省201名农村基层信贷员的调查数据，利用 Probit 模型对涉农金融机构拓展农村土地经营权抵押贷款业务的意愿及影响因素进行了实证分析，结果显示，农户生产性质、农地规模及农地产权是否清晰和稳定是影响农村土地抵押贷款业务的重要因素。曹璨（2017）在对银行客户经理办理农村土地经营权抵押贷款意愿、前景预测、满意度基本情况进行分析的基础上，从抵押物特征、机构自身特征、地方金融环境及模式差异等方面构建影响银行客户经理满意度的评价指标体系，利用 Probit 模型测算各因素对客户经理满意度的影响，结果表明，抵押物特征、机构自身特征、地方金融环境及模式差异均会对客户经理的满意度产生影响，整体上同心模式下银行客户经理的满意度评价要高于平罗模式，抵押物估值难易程度、风险评估机构与体系、处置抵押物的收益弥补违约本息的程度、业务前景、办理手续复杂度、法律法规健全程度、地方政府扶持力度及市场竞争压力等均对客户经理的满意度评价产生显著的正向影响。梁虎（2018）从银行客户经理特征、抵押土地特征、抵押贷款业务特征、金融机构特征、地方金融环境特征及主导模式特征等方面构建指标体系，利用有序Probit模型分析了影响银行客户经理对农村土地经营权抵押贷款供给意愿的因素，分析结果显示，银行客户经理的工作年限、抵押土地特征、抵押贷款业务特征、办理手续难易程度及主导模式的差异是影响银行客户经理对农村土地经营权抵押贷款供给意愿的重要因素。

第二节　银行客户经理对农村土地经营权抵押贷款运行效果满意度评价模型设计

为了有效测度银行客户经理对农村土地经营权抵押贷款业务的满意度，分析影响满意度评价的各种因素，考虑到实地调研过程中对银行客户经理满意度的划分标准，以及影响满意度评价的因素是多类别的离散数据，本节将选择有序 Probit 模型开展相关研究。模型基本形式为：

$$P(y = y_i \mid X, \beta) = P(y = y_i \mid x_0, x_1, x_2, \cdots, x_k) \tag{7-1}$$

其中，y 为因变量，y_i 的范围是 $[0, m-1]$；X 为自变量。

在设计调查问卷时，参考李克特量表将银行客户经理对农村土地经营权抵押贷款业务的满意度划分为 5 个层次，即非常不满意、不满意、一般、满意、非常满意。银行客户经理的满意度评价属于离散样本数据，考虑到离散样本数据可能带来异方差等问题，本书不直接采用线性估计模型进行分析，而是通过构建一个潜在的不可直接观测变量 Y_i^*，并将其与其他解释变量构建连续函数：

$$Y_i^* = \beta_0 + \beta_1 x_1 + \beta_2 x_2 + \cdots + \beta_i x_i = X\beta + \varepsilon_i \tag{7-2}$$

其中，$i = 1, 2, \cdots, n$。上述函数也称为有序多分类 Probit 模型潜回归方程。式中的 β 代表参数变量，ε_i 为随机变量且服从正态分布。假设客户经理对农村土地经营权抵押贷款业务的不同满意度评价结果的分

界点为 $y(y_1 < y_2 < \cdots < y_{k-1})$ ，由于将客户经理的满意度划分为 5 个层次，因此 $k=5$ ，那么分界点共有 4 个，即 y_1, y_2, y_3, y_4 ，则观测值 y_i 和潜在变量 Y_i^* 的关系为：

$$
y_i = \begin{cases} 1, & \text{if} \quad Y_i^* \leqslant y_1 \\ 2, & \text{if} \quad y_1 < Y_i^* \leqslant y_2 \\ 3, & \text{if} \quad y_2 < Y_i^* \leqslant y_3 \\ 4, & \text{if} \quad y_3 < Y_i^* \leqslant y_4 \\ 5, & \text{if} \quad y_4 < Y_i^* \end{cases} \tag{7-3}
$$

将随机变量 ε_i 的累计概率函数定义为 $F(x)$ ，则观测值 y_i 各个取值的概率分别为：

$$
\begin{aligned}
P(y_i = 1 \mid X) &= F(y_1 - X\beta) \\
P(y_i = 2 \mid X) &= F(y_2 - X\beta) - F(y_1 - X\beta) \\
P(y_i = 3 \mid X) &= F(y_3 - X\beta) - F(y_2 - X\beta) \\
P(y_i = 4 \mid X) &= F(y_4 - X\beta) - F(y_3 - X\beta) \\
P(y_i = 5 \mid X) &= 1 - F(y_4 - X\beta)
\end{aligned} \tag{7-4}
$$

然后，利用最大似然函数对模型参数进行估计，进而对 $i = 1, 2, \cdots, n$ 和 β 两个概率计算自变量 ε_i 的导数，得到：

$$
\frac{\partial P(y_i = 1)}{\partial X} = f(y_1 - X\beta)\beta
$$

$$
\frac{\partial P(y_i = 5)}{\partial X} = f(y_4 - X\beta)\beta \tag{7-5}
$$

其中， $f(x)$ 为随机变量 ε_i 服从正态分布时累计概率函数 $F(x)$ 所对应的密度函数。此时，自变量 X 对概率的边际影响并不和系数 β 相等，且 $P(y_i = 1)$ 中 X 的变动方向与系数 β 的变动方向相反，但 $P(y_i = 5)$ 中 X 的变动方向与系数 β 的变动方向一致。

第三节　指标选取

根据前文的理论分析可知,可能影响银行客户经理满意度的因素主要包括以下几个方面。

(一) 抵押土地特征

在农村土地经营权抵押贷款过程中,农户将其所拥有的土地经营权作为抵押物向金融机构申请贷款,对金融机构而言,农户所抵押土地的价值及稳定性就成为重要的影响因素。土地产权明确、市场价值较高的农村土地经营权更有利于在市场上转让和出售(兰庆高等,2013)。因此,抵押土地估值难易程度、抵押权处置难易程度及处置抵押土地的收益弥补贷款违约本息的程度,就成为抵押土地在市场转让或销售的直接影响因素,也会对银行客户经理对农村土地经营权抵押贷款业务的满意度产生显著影响(于丽红等,2013)。

(二) 金融机构及业务特征

在开展农村土地经营权抵押贷款业务过程中,银行客户经理对业务的满意度会受到金融机构自身特征及业务特征的影响。抵押贷款业务量、抵押流程规范程度、风险评估机构与体系健全程度、抵押贷款办理手续复杂程度、抵押贷款业务前景与抵押贷款业务风险会对银行客户经理的满意度产生重要影响(曹瓅等,2015;罗博文等,2017)。

(三) 地方金融环境特征

在推广农村土地经营权抵押贷款业务过程中,除了需要金融机构积极开展该项业务,地方金融市场环境及政策环境也会对金融机构开展业务的积极性产生重要影响。因此,法律法规健全程度、担保体系健全程度、地方政府扶持政策、市场竞争压力均成为影响银行客户经理满意度的重要因素(兰庆高等,2013;曹瓅等,2015;高勇等,

2016）。

在借鉴已有研究成果的基础上，结合在榆树市、梅河口市的实地调研情况，本书选择抵押土地特征（抵押土地估值难易程度、抵押权处置难易程度、处置抵押土地的收益弥补贷款违约本息的程度）、金融机构及业务特征（抵押贷款业务量、抵押流程规范程度、风险评估机构与体系健全程度、抵押贷款办理手续复杂程度、抵押贷款业务前景、抵押贷款业务风险）、地方金融环境特征（法律法规健全程度、担保体系健全程度、地方政府扶持政策、市场竞争压力）作为模型统计变量，以银行客户经理满意度为因变量，分析银行客户经理对农村土地经营权抵押贷款业务满意度评价的影响因素。模型相关变量及定义如表7-1所示。

表7-1 银行客户经理对抵押贷款业务满意度评价模型变量

变量类型	变量名称	变量定义	预期影响
因变量	银行客户经理满意度	1 = 非常不满意；2 = 不满意；3 = 一般；4 = 满意；5 = 非常满意	—
抵押土地特征	抵押土地估值难易程度	1 = 非常困难；2 = 困难；3 = 一般；4 = 容易；5 = 非常容易	+
	抵押权处置难易程度	1 = 非常困难；2 = 困难；3 = 一般；4 = 容易；5 = 非常容易	+
	处置抵押土地的收益弥补贷款违约本息的程度	1 = 非常不满意；2 = 不满意；3 = 一般；4 = 满意；5 = 非常满意	+
金融机构及业务特征	抵押贷款业务量	1 = 非常小；2 = 小；3 = 一般；4 = 大；5 = 非常大	+
	抵押流程规范程度	1 = 非常混乱；2 = 混乱；3 = 一般；4 = 规范；5 = 非常规范	+
	风险评估机构与体系健全程度	1 = 非常缺乏；2 = 缺乏；3 = 一般；4 = 健全；5 = 非常健全	+
	抵押贷款办理手续复杂程度	1 = 非常繁杂；2 = 繁杂；3 = 一般；4 = 简便；5 = 非常简便	+
	抵押贷款业务前景	1 = 非常差；2 = 差；3 = 一般；4 = 好；5 = 非常好	+
	抵押贷款业务风险	1 = 非常高；2 = 高；3 = 一般；4 = 低；5 = 非常低	+

续表

变量类型	变量名称	变量定义	预期影响
地方金融环境特征	法律法规健全程度	1 = 非常缺乏；2 = 缺乏；3 = 一般；4 = 健全；5 = 非常健全	+
	担保体系健全程度	1 = 非常缺乏；2 = 缺乏；3 = 一般；4 = 健全；5 = 非常健全	+
	地方政府扶持政策	1 = 有；0 = 无	+
	市场竞争压力	1 = 非常大；2 = 大；3 = 一般；4 = 小；5 = 非常小	+

第四节　数据来源及样本数据特征分析

样本数据来源于 2017～2018 年研究团队对榆树市和梅河口市办理农村土地经营权抵押贷款业务的银行客户经理的实地调研。主要通过问卷调查及座谈等方式开展调研工作，调查内容主要涉及银行客户经理的基本情况、业务办理意愿、业务前景预测、业务满意度评价及意见建议等方面，共获得银行客户经理有效调查问卷 78 份，其中榆树市 35 份、梅河口市 43 份。

从银行客户经理的基本特征来看，参与农村土地经营权抵押贷款的银行客户经理年龄主要集中在 30～49 岁，占样本总数的 73.08%，榆树市、梅河口市该年龄段内的银行客户经理占比分别为 71.43% 和69.77%。从受教育程度来看，绝大部分银行客户经理的受教育程度较高，大专及以上受教育程度的银行客户经理占比高达 96.15%，榆树市和梅河口市分别占 97.14% 和 95.35%。从工作年限来看，银行客户经理普遍工作年限较长，具有丰富的工作经验。其中，工作 6～10 年的银行客户经理占比最高，占样本总数的 33.33%，其次是工作 11～15 年的银行客户经理，占样本总数的 23.08%，工作 6 年及以上的客户经理占样本总数的比例达到了 80.77%。银行客户经理样本数据的基本特征如表 7-2 所示。

表 7 - 2　银行客户经理样本数据基本特征

统计指标	指标变量	占比（%）		
		总体	榆树市	梅河口市
年龄	30 岁以下	24.36	22.86	25.58
	30～39 岁	47.44	42.86	46.51
	40～49 岁	25.64	28.57	23.26
	50～59 岁	2.56	5.71	4.65
	60 岁及以上	0.00	0.00	0.00
受教育程度	高中及以下	3.85	2.86	4.65
	大专	38.46	40.00	37.21
	大学本科及以上	57.69	57.14	58.14
工作年限	5 年及以下	19.23	20.00	16.28
	6～10 年	33.33	31.43	37.21
	11～15 年	23.08	22.86	25.58
	16～20 年	16.67	17.14	16.28
	20 年以上	7.69	8.57	4.65

资料来源：根据调查问卷样本数据整理得到。

第五节　银行客户经理对农村土地经营权抵押贷款业务评价分析

一　银行客户经理对农村土地经营权抵押贷款业务办理意愿

通过对调查问卷中银行客户经理办理农村土地经营权抵押贷款业务意愿问题的统计，得到结果如表 7 - 3 所示。结果显示，整体上银行客户经理对农村土地经营权抵押贷款业务的办理意愿较高，"非常积极"和"积极"的银行客户经理占样本总数的 74.36%，榆树市占 71.43%，梅河口市占 76.74%；"消极"和"非常消极"的银行客户经理占样本总数的 6.41%，榆树市占 5.71%，梅河口市占 4.65%。说明两个地区的银行客户经理对办理农村土地经营权抵押贷款业务的积极性均较高。

表 7 - 3 　银行客户经理办理农村土地经营权抵押贷款业务意愿评价

单位：%

统计类型	非常积极	积极	一般	消极	非常消极
总体意愿	20.51	53.85	19.23	6.41	0.00
榆树市银行客户经理意愿	20.00	51.43	22.86	5.71	0.00
梅河口市银行客户经理意愿	20.93	55.81	18.60	4.65	0.00

资料来源：根据调查问卷样本数据整理得到。

二　银行客户经理对农村土地经营权抵押贷款业务前景预测

通过对调查问卷中银行客户经理有关农村土地经营权抵押贷款业务前景预测的统计，得到结果如表 7 - 4 所示。结果显示，认为农村土地经营权抵押贷款业务未来发展前景"非常好"和"好"的客户经理占样本总数的 80.77%，榆树市占 77.14%，梅河口市占 81.40%；认为农村土地经营权抵押贷款业务未来发展前景"差"和"非常差"的客户经理占样本总数的 2.56%，榆树市占 2.86%，梅河口市占 2.33%。结合实地调查情况来看，银行客户经理普遍认为农村土地经营权抵押贷款能在一定程度上缓解了农户融资难的问题，业务的发展前景较好，但客户经理也普遍反映，农村土地难估值、农户违约风险高在一定程度上限制了该项业务的快速发展。

表 7 - 4 　银行客户经理对农村土地经营权抵押贷款业务前景预测评价

单位：%

统计类型	非常好	好	一般	差	非常差
总体预测	29.49	51.28	16.67	2.56	0.00
榆树市银行客户经理前景预测	25.71	51.43	20.00	2.86	0.00
梅河口市银行客户经理前景预测	32.56	48.84	16.28	2.33	0.00

资料来源：根据调查问卷样本数据整理得到。

三 银行客户经理对农村土地经营权抵押贷款业务满意度评价

通过对调查问卷中银行客户经理有关农村土地经营权抵押贷款业务满意度的统计，得到结果如表7-5所示。总体上两个地区的银行客户经理对该业务满意度的评价较为一致，评价"非常满意"的银行客户经理占样本总数的24.36%，榆树市占22.86%，梅河口市占27.91%；评价"满意"的银行客户经理占样本总数的48.72%，榆树市占45.71%，梅河口市占48.84%；评价"非常满意"和"满意"的银行客户经理占样本总数的73.08%，榆树市占68.57%，梅河口市占76.75%。有25.64%的银行客户经理对该业务的满意度"一般"，且有1.28%的银行客户经理对该业务"不满意"。由此可见，银行客户经理对农村土地经营权抵押贷款业务的整体满意度较高，但在未来业务发展过程中仍存在需要进一步提升的空间。

表7-5 银行客户经理对农村土地经营权抵押贷款业务满意度评价

单位：%

统计类型	非常满意	满意	一般	不满意	非常不满意
总体满意度	24.36	48.72	25.64	1.28	0.00
榆树市银行客户经理满意度	22.86	45.71	28.57	2.86	0.00
梅河口市银行客户经理满意度	27.91	48.84	25.58	2.33	0.00

资料来源：根据调查问卷样本数据整理得到。

第六节 银行客户经理对农村土地经营权抵押贷款满意度影响因素的实证分析

在进行回归分析之前，对样本数据进行信度分析，通过计算，样本数据的信度系数为0.798，说明样本数据的可靠性较高。利用 Stata 15.1

统计软件对银行客户经理满意度样本数据进行有序 Probit 模型回归分析，结果如表 7-6 所示。结果显示，模型通过了显著性检验，且显著性水平为 0.000，说明回归分析的拟合效果较好。

表 7-6　银行客户经理对农村土地经营权抵押贷款业务评价模型估计

解释变量		整体		榆树市		梅河口市	
		系数	P 值	系数	P 值	系数	P 值
抵押土地特征	抵押土地估值难易程度	0.3126**	0.074	0.1527	0.234	0.4174***	0.005
	抵押权处置难易程度	0.1672	0.2516	0.5278	0.185	0.4587	0.213
	处置抵押土地的收益弥补贷款违约本息的程度	0.2395***	0.001	0.2319	0.212	0.3464*	0.078
金融机构及业务特征	抵押贷款业务量	0.5654**	0.056	0.6785*	0.089	0.2674**	0.034
	抵押流程规范程度	-0.0574	0.14	-0.2893	0.652	0.1328	0.378
	风险评估机构与体系健全程度	0.6743***	0.001	0.1452**	0.076	0.9834***	0.002
	抵押贷款办理手续复杂程度	0.5219***	0.000	1.3252***	0.001	0.1673*	0.098
	抵押贷款业务前景	0.3895***	0.004	1.1369**	0.023	0.0732	0.658
	抵押贷款业务风险	0.0432	0.557	-0.1237	0.838	-0.2158	0.289
地方金融环境特征	法律法规健全程度	0.3897***	0.001	0.5672*	0.085	0.13658	0.056
	担保体系健全程度	0.2415	0.156	-0.2653	0.572	0.4782***	0.005
	地方政府扶持政策	0.6735*	0.083	0.2748	0.452	0.9783***	0.001
	市场竞争压力	0.2417*	0.079	-0.2537	0.389	0.2542*	0.068
LR		115.62		78.94		96.12	
Probability（LR）		0.000		0.000		0.000	
Log likelihood		-68.56		-34.79		-49.67	

*** 、** 、* 分别表示 1%、5%、10% 的显著性水平。

回归分析结果显示，抵押土地特征、金融机构及业务特征、地方金融环境特征等因素均对银行客户经理参与农村土地经营权抵押贷款业务的满意度产生影响。

从整体来看，处置抵押土地的收益弥补贷款违约本息的程度、风险评估机构与体系健全程度、抵押贷款办理手续复杂程度、抵押贷款业务前景、法律法规健全程度均在1%的显著性水平下对银行客户经理的满意度评价具有正向影响,这说明,处置抵押土地的收益弥补贷款违约本息的程度越高、风险评估机构与体系越健全、抵押贷款办理手续越简单、抵押贷款业务前景越好、法律法规健全程度越高,银行客户经理参与农村土地经营权抵押贷款的满意度越高。抵押土地估值难易程度、抵押贷款业务量对银行客户经理的满意度评价在5%的显著性水平下具有正向影响,说明对于银行客户经理而言,农户申请抵押土地经营权的估值越容易,办理抵押贷款的复杂程度就越低,其对业务的满意度就越高。由于抵押贷款业绩与其经济利益挂钩,办理抵押贷款业务量越大,其对业务的满意度评价就会越高。地方政府扶持政策、市场竞争压力对银行客户经理的业务满意度在10%的显著性水平下具有正向影响,说明政府扶持力度越大、市场竞争压力越小,金融机构办理抵押贷款业务的意愿越强烈,在此基础上,客户经理办理抵押贷款的业务量越大,满意度越高。

从两个地区银行客户经理满意度评价影响因素的差异来看,对于榆树市而言,抵押贷款办理手续复杂程度对银行客户经理业务满意度在1%的显著性水平下具有正向影响,风险评估机构与体系健全程度、抵押贷款业务前景对银行客户经理业务满意度在5%的显著性水平下具有正向影响,抵押贷款业务量、法律法规健全程度对银行客户经理业务满意度在10%的显著性水平下具有正向影响。可以看出,在办理农村土地经营权抵押贷款业务过程中,榆树市银行客户经理对抵押贷款办理手续复杂程度、风险评估机构与体系健全程度、抵押贷款业务前景、抵押贷款业务量、法律法规健全程度具有较高的关注度,办理手续越简单、风险越小、业务前景越好、业务量越大、法律法规越健全,银行客户经理的满意度就越高。梅河口市银行客户经理的关注点主要是抵押土地估值难易程度、处置抵押土地的收益弥补贷款违约本息的程度、抵押贷款业务量、风险评估机构与体系健全程度、抵押贷款办理手续复杂程度、担保体系健全程度、地方政府扶持政策和市场竞争压力，其中，抵押土地估值难易程度、风险评估机构与体系健全程度、担保体系健全程度、地方政府扶持政策对梅河口市银行客户经理的满意度评价在1%的显著性水平下具有正向影响，抵押贷款业务量在5%的显著性水平下具有正向影响，处置抵押土地的收益弥补贷款违约本息的程度、抵押贷款办理手续复杂程度、市场竞争压力在10%的显著性水平下具有正向影响。说明对于梅河口市而言，抵押土地估值难易程度、风险评估机构与体系健全程度、担保体系健全程度、地方政府扶持政策是金融机构办理农村土地经营权抵押贷款业务的重要依据，显著影响银行客户经理的满意度评价。对于银行客户经理而言，农村土地经营权抵押贷款业务与其利益有关，抵押贷款业务量越大，其对业务满意度的评价越高，同时，处置抵押土地的收益弥补贷款违约本息的程度越高、办理抵押贷款手续越简单、市场竞争压力越小，客户经理的满意度越高。

第七节　本章小结

本章从银行客户经理的视角出发，利用实地调研数据，对银行客户经理办理农村土地经营权抵押贷款业务的意愿、前景预测、满意度进行了统计分析，运用有序 Probit 回归模型进行银行客户经理对农村土地经营权抵押贷款业务满意度评价及影响因素的实证分析，得出以下结论。

（1）整体上银行客户经理对农村土地经营权抵押贷款业务的办理意愿较高，所有样本中"非常积极"和"积极"的银行客户经理占74.36%，榆树市占71.43%，梅河口市占76.74%。从业务前景预测来看，评价"非常好"和"好"的银行客户经理占80.77%，榆树市占77.14%，梅河口市占81.40%。银行客户经理普遍认为农村土地经营权抵押贷款能在一定程度上缓解农户融资难的困境，业务的发展前景较好，但银行客户经理也普遍反映，农村土地难估值、农户违约风险高在一定程度上限制了该项业务的快速发展。从业务满意度来看，评价"非常满意"和"满意"的银行客户经理占样本总数的73.08%，榆树市占68.57%，梅河口市占76.75%，有25.64%的客户经理对该业务的满意度"一般"，且有1.28%的银行客户经理对该业务"不满意"。银行客户经理对农村土地经营权抵押贷款业务的整体满意度较高，但在未来业务发展过程中仍存在需要进一步提升的空间。

（2）抵押土地特征、金融机构及业务特征、地方金融环境特征均对银行客户经理的满意度产生影响。具体来看，处置抵押土地的收益弥补贷款违约本息的程度、风险评估机构与体系健全程度、抵押贷款办理手续复杂程度、抵押贷款业务前景、法律法规健全程度对银行客户经理的满意度评价在1%的显著性水平下具有正向影响，抵押土地估值难易程度、抵押贷款业务量对客户经理满意度评价在5%的显著性水平下具有正向影响，地方政府扶持政策、市场竞争压力对客户经理的业务满意度在10%的显著性水平下具有正向影响。

（3）对于榆树市而言，抵押贷款办理手续复杂程度、风险评估机构与体系健全程度、抵押贷款业务前景、抵押贷款业务量、法律法规健全程度对银行客户经理的业务满意度具有显著的正向影响；对于梅河口市而言，土地估值难易程度、风险评估机构与体系健全程度、担保体系健全程度、地方政府扶持政策、抵押贷款业务量、处置抵押土地的收益弥补贷款违约本息的程度、抵押贷款办理手续复杂程度、市场竞争压力均对梅河口市银行客户经理的满意度评价具有显著的正向影响。

第八章

政策建议与措施

第四章至第七章分别对吉林省农村土地经营权抵押贷款需求侧、供给侧运行效果进行了实证分析，本章将在运行效果及影响因素综合分析的基础上，从系统性、互动性、可持续性等方面出发，结合第三章对吉林省农村土地经营权抵押贷款业务运行历程、现状及面临问题的分析，总结并提出提升吉林省农村土地经营权抵押贷款运行效果的政策建议与措施。

第一节　完善农村土地经营权抵押贷款相关法律法规

法律法规是开展农村土地经营权抵押贷款业务的重要保障。自2014年吉林省实施农村土地经营权抵押贷款试点工作以来，随着试点地区的不断增多，农村土地经营权抵押贷款业务中法律法规不完善的问题日益凸显。在法律法规风险影响下，金融机构与农户参与农村土地经营权抵押贷款业务的积极性大打折扣，在很大程度上制约了抵押贷款业务的发展。一直以来，我国《物权法》《担保法》《土地承包法》《农村土地承包经营权流转管理办法》等现行法律对农村土地经营权抵押贷款做出了禁止或限制的规定，目前农村土地经营权抵押贷款业务多是在地方性政策支持下开展的，缺乏顶层的制度设计，在探索农村土地经营权抵押贷款业务过程中受到法律法规的制约，在很大程度上增加了抵押贷款业务的法律风险。

从国家层面来看，为了更好地提升农村土地经营权抵押贷款业务的运行效果，需要做好法律法规制度的顶层设计。第一，在农村承包土地"三权分置"制度基础上完善《物权法》《担保法》《土地承包法》，允许农村土地经营权作为抵押物进行贷款融资，赋予农村土地经营权与其他抵押物同等的法律权利；第二，完善《农村土地承包经营权流转管理办法》中有关农村土地确权、流转的法律条文，规范农村土地经营权确权登记制度，强化土地流转主体功能，制定农村土地经营权等级标准，提高农村土地经营权评估质量，让农村土地经营权抵押活动有法可依、有章可循；第三，考虑起草农村土地经营权抵押贷款相关法律制度，明晰农村土地承包权和土地经营权的界限，明确农村土地经营权抵押贷款各方的权利和义务，向农村土地经营权抵押贷款业务赋能，使其具有正式的法律效力。

对于吉林省而言，需要进一步完善地方指导性法律法规。由于农村土地经营权抵押贷款业务涉及较多的法律法规，地方政府需要兼顾本地区农村经济发展、社会稳定和民生保障，因此，在制定农村土地经营权抵押贷款地方性指导制度时，地方政府需要结合自身特点，逐步完善试点地区相关法律法规。在全省统筹发展基础上，地方政府在短期内可以先为农村土地经营权抵押贷款违约行为制定规则，赋予涉农金融机构处置农村土地经营权的法律效力，进一步提升涉农金融机构开展农村土地经营权抵押贷款业务的积极性。另外，地方政府应在国家政策指导下积极出台具体实施方案与规章制度，联合农村金融监管部门因地制宜地制定农村土地经营权抵押贷款试点管理办法，通过规范抵押贷款业务流程、鼓励涉农金融机构开展抵押贷款业务、提高农户参与抵押贷款业务积极性，不断提升农村土地经营权抵押贷款的运行效果。

第二节　加快农村土地流转，构建土地经营权交易平台

虽然吉林省 2018 年 8 月完成了农村土地承包经营权确权登记工作，但目前农村土地流转过程中仍存在流转行为不规范、流转中介及维权机构少、流转供需信息传播路径少等诸多问题，土地流转不畅在很大程度上限制了土地效益的发挥，也在一定程度上阻碍了农村土地经营权抵押贷款业务的顺利开展。与此同时，吉林省对农村土地经营权流转市场、交易平台的建设较为滞后，导致大量农村土地经营权无法正常流转和交易。因此，吉林省需要在构建农村土地价值评估体系与机制的基础上，加强农村土地经营权流转市场建设，提高农村土地经营权抵押贷款试点效果。

一　建立农村土地价值评估体系与机制

农村土地价值评估是开展农村土地经营权抵押贷款业务的基础。一直以来，我国的农村土地归集体所有，缺乏合理的价值评估标准，在农村土地经营权抵押贷款业务中，对农村土地价值的评估多是以同类土地价值为参考，同时综合土地承包经营权、租金及地上附属物预期收益等因素，经双方协商确定。在农村土地经营权流转过程中，土地经营权的流转周期一般较短，这也在一定程度上增大了对农村土地抵押物的评估难度，使得农村土地经营权抵押贷款业务的开展存在较大困难。虽然吉林省在部分地区建立了中介评估服务机构，但由于缺少相应政策制度的支持，当农户进行抵押贷款资产评估时需要支付相应的费用，这在一定程度上增加了农户的融资成本，影响了农户抵押贷款的积极性。

因此，吉林省地方政府及涉农金融机构应结合地方实际，建立规范的农村土地经营权价值评估体系与机制，完善农村土地经营权抵押贷款业务流程，通过标准化、规范化的抵押贷款业务流程降低抵押贷款的交

易成本。在进行农村土地经营权价值评估时，首先要保证农村土地确权信息的准确性，在确认土地位置、面积、权属、质量等信息的基础上，为农户颁发土地经营权确权证书，赋予农村土地经营权抵押物属性。在土地确权基础上，建立农村土地价值评估专家库，引入专业的农业技术专家及第三方土地价值评估机构，通过查阅资料、实地调查等方式，结合农村土地的区位、资源条件、利用效率、地上附属物价值及预期收益等信息，制定标准的农村土地经营权等级划分方法，构建科学合理的农村土地经营权价值评估体系，开展农村土地价值的评估工作。

二　加强农村土地经营权流转市场建设

农村土地经营权流转是开展农村土地经营权抵押贷款业务的重要保障。规范的农村土地经营权流转市场将充分发挥农村土地经营权的经济价值，提升金融机构对农村土地经营权的认可度，有效缩短抵押贷款过程中的价值评估流程，提高农村土地资源的利用效率。当农村土地经营权无法流转、流转过程不规范、流转中介或维权机构不健全、流转途径较少时，会增加对土地经营权的评估难度，增加金融机构开展农村土地经营权抵押贷款业务的风险，最终影响抵押贷款业务的顺利开展。因此，需要加强农村土地经营权流转市场建设，通过构建规范的农村土地经营权流转市场，为农村土地经营权抵押贷款业务的顺利开展提供保障。

针对吉林省农村土地经营权流转过程中存在的问题，地方政府应积极完善农村土地经营权流转标准体系建设，规范土地流转行为，加强农村土地经营权流转市场建设。做好农村土地经营权流转的宣传和引导工作，不断提高农户对农村土地经营权流转的认知水平，加强对农户及新型农业经营主体的土地经营权流转行为的监督；规范土地确权登记后的颁证流程，制定土地经营权管理办法及非法流转处置办法，避免农村土地向非农化转变，有效解决土地产权不清晰所引发的经济纠纷；引导农户自主参与经营权流转，农村基层政府、集体经济组织不能过分介入农村土地经营权流转，而是充当流转中介及引导者角色，防止农村基层政府、集体经济组织从土地流转市场中谋利甚至阻碍土地经营权流转；积极了解土地经营权流转过程中的各项影响因素，加大对农户的教育宣传力度，不断提高农户的法律意识，积极完善土地流转市场中的各项规章制度，加强土地流转中介及维权机构建设，有效降低土地经营权流转过程中的风险；对于经济发展水平偏低的地区，在政府积极推动农村土地经营权流转市场的基础上，设置灵活的土地流转方式，充分挖掘基层农村信用社或土地经营权流转合作社的作用，赋予并发挥其土地经营权流转中介职能，有效节约金融机构开展农村土地经营权抵押贷款业务的成本。

第三节　以供给侧改革不断提高农户参与度和满意度

农村土地经营权抵押贷款可以在很大程度上缓解农户融资难的问题，因此农户有强烈的抵押贷款需求，但是，在实际调研过程中发现，吉林省农户对农村土地经营权抵押贷款的了解甚少，甚至连村会计都不了解该项贷款的规定和政策。同时，由前文分析可知，对于吉林省的金融机构而言，整体上银行客户经理对农村土地经营权抵押贷款业务的办理意愿较高，其普遍认为农村土地经营权抵押贷款能在一定程度上缓解农户融资难的问题，业务的发展前景较好，但银行客户经理也普遍反映，农村土地难估值、农户违约风险高在一定程度上限制了该项业务的快速发展，银行客户经理对农村土地经营权抵押贷款业务的整体满意度较高，但在未来业务发展过程中仍存在需要进一步提升的空间。因此，为了更好地发展农村土地经营权抵押贷款业务，需要政府、金融机构、基层服务组织从供给侧结构改革出发，做好业务宣传、扶持新型农业经营主体规模化发展、创新产品供给并提高服务质量，不断提高农户参与农村土地经营权抵押贷款的积极性和满意度。

一 积极推广农村土地经营权抵押贷款业务

对于政府而言，应加大对农村土地经营权抵押贷款业务的推广力度，向基层农村干部、农户做好抵押贷款业务政策的宣传工作，提高农户对农村土地经营权抵押贷款条件、流程的了解程度，提升其参与意愿。有效发挥基层组织的宣传作用，基层政府应处理好与农村合作社、基层村民组织的合作关系，发挥合作社、村委会等基层组织的宣传优势，不断扩大农村土地经营权抵押贷款业务的宣传范围，在不断提高农户对抵押贷款业务认知水平的基础上，降低农户和金融机构之间的信息不对称程度，有效提升农户参与农村土地经营权抵押贷款业务的意愿。对于金融机构而言，应积极推广农村土地经营权抵押贷款业务，通过金融知识下乡等宣传形式，提高农户对抵押贷款政策、金融贷款知识的了解程度。发展农户成为贷款业务的宣传员，降低抵押贷款业务的宣传成本。针对不同地区、不同类型农户的实际情况，金融机构可以开展不同的宣传活动。小规模农户由于信息渠道少，金融机构宣传时应更加深入，使其更加了解抵押贷款政策；大规模农户信息来源广泛、业务竞争激烈，金融机构应采取一对一跟踪宣传方式并做好相关服务。针对不同年龄、不同性别的农户，积极转变其抵押贷款意识，提高其对农村土地经营权抵押贷款业务的认知水平和心理预期。通过多种举措的推广宣传，合理引导农户积极参与抵押贷款业务，调动农户参与业务的积极性，有效提升农村土地经营权抵押贷款业务的运行效果。

二 鼓励并扶持新型农业经营主体规模化发展

农业经济的发展与农业经营主体紧密相关，吉林省拥有丰富的农业资源，具备农业规模化生产的优势和条件，通过专业化、适度规模化的新型农业经营主体，可以优化农业产业结构，有效发挥农业机械化优势，从而提高新型农业经营主体的发展水平，较大限度地增加农户收入，在促进农村土地经营权抵押贷款业务发展的同时，带动地区整体金融体系的发展。因此，应加大对新型农业经营主体的金融扶持力度，保持农业政策性补贴的稳定性，鼓励新型农业经营主体的规模化发展。同步推进普惠金融和特惠性农业补贴，在执行农户补贴、农资补贴等基础政策基础上，重视对新型农业经营主体的扶持，为新型农业经营主体提供政策补贴，促进新型农业经营主体的成长。

从吉林省农村土地经营权抵押贷款业务的实际情况来看，新型农业经营主体参与抵押贷款业务的积极性要高于普通农户。大规模经营农户获得抵押贷款相对容易，从而能更好地扩大生产并刺激农村经济发展，因此大规模经营农户参与抵押贷款的积极性相对较高。第一，大规模经营农户通过专业化的土地管理及农业配套基础设施建设，在很大程度上提高了土地抵押物的价值；第二，规模化经营方式有效降低了金融机构对其发放贷款前的审核成本及贷款后的监管成本；第三，新型化的经营方式在一定程度上降低了经营风险；第四，规模化的管理方式降低了经营失败带来的社会风险。对于金融机构而言，大规模经营农户较小农户有着土地更容易流转、市场价值更高等优势，因此金融机构更倾向于向规模化的新型农业经营主体发放贷款。同时，新型农业经营主体更能通过规模化生产经营活动实现规模效益，在提升农业生产效率的同时更能获得较多的经济价值，从而更加有利于偿还贷款，使抵押贷款的违约行为大大减少。因此，政府和金融机构应该在国家农村产业结构调整的基础上，不断提高农户的经营水平，鼓励并扶持新型农业经营主体向规模化经营发展。

三　金融机构创新产品供给并提高服务质量

在开展农村土地经营权抵押贷款业务中，金融机构应以供给侧改革为原则，积极拓展信贷渠道，不断创新抵押贷款产品供给能力，提高服务质量，进而提升农村土地经营权抵押贷款业务的运行效果。

根据不同农户的抵押贷款情况，金融机构应积极拓展信用保险业务，结合农业生产经营过程中的产品周期，面向农户开展小额信用贷款。在开展抵押贷款业务过程中，涉农的正规金融机构可以在风险可控且兼顾经济效益的前提下，寻求与非正规金融机构的合作，积极拓展金融合作方式，充分发挥双方的互补作用，从而有效提高农村地区信用贷款的供给能力。针对不同收入水平的农户，在其申请抵押贷款过程中，金融机构应充分考虑不同农户的差异性，根据不同申请贷款农户的贷款用途划分贷款额度及利率水平，不断完善利率定价机制，满足不同类型农户的贷款需求，扩大受益群体，在有效改善农村土地经营权抵押贷款产品的同时提高供给能力。农业生产经营具有一定的特殊性，需要较大的前期投入，且回收周期较长，因此，金融机构发放的短期贷款无法有效满足农户对资金的长期需求，这在很大程度上影响了农户长期生产经营的需求，导致农村土地经营权抵押贷款业务无法稳定开展。因此，金融机构应充分考虑农业生产经营活动的特殊性，在充分考虑农户贷款用途及贷款期限的前提下，分别设置人性化的还款期限，结合农村土地经营权剩余期限，合理设置抵押贷款的还款方式及延期制度。这样既提高了农户参与农村土地经营权抵押贷款业务的积极性，又增加了农村土地经营权抵押贷款产品的供给。

在不断优化农村土地经营权抵押贷款产品供给的基础上，金融机构应进一步深化农户管理模式，通过建立与农户的有效沟通机制，积极对接农户的农村土地经营权抵押贷款需求，不断提高服务质量、改进服务方式，提升农户参与农村土地经营权抵押贷款的体验，不断提高农户参与抵押贷款业务的积极性和满意度。

第四节　加大监管力度，引导农村金融市场良性发展

作为一种新型的农村金融产品，农村土地经营权抵押贷款业务试点

以来，存在较多监管方面的缺失。吉林省农村土地经营权抵押贷款政策试行之初，在政府的大力推行下，各地金融机构积极配合相关政策落地，积极开展相关业务，金融机构涉农贷款比例较大。但随着业务的开展，受一些主客观因素的影响，一些试点地区的农村土地经营权抵押贷款业务量开始锐减，农户对农村土地经营权抵押贷款的使用情况很不乐观。调查发现，很多地区的农户反映，农村土地经营权抵押贷款业务的手续过于繁杂，审批周期较长，无法有效满足农户迫切的贷款需求。部分地区在开展农村土地经营权抵押贷款业务时，会受到地方政府政策性、盈利性目标的影响，在政府行政干预下，金融机构的业务重心发生偏移。因此，需要加大政府监管力度，因地制宜地实施差异化的抵押贷款监管政策，积极发展农村经济合作社，引导农村金融市场良性竞争，保障抵押贷款业务正常运行。

一　因地制宜地实施差异化监管政策

在开展农村土地经营权抵押贷款业务过程中，不同地区根据自身特点形成了不同的运行模式，但不同地区在资源、政策、发展环境等方面存在诸多差异，因此，需要不同地区在深入发掘自身潜力的同时，借鉴其他地区的业务开展经验，因地制宜、有针对性地引导农村土地经营权抵押贷款业务发展，实施差异化、充分发挥地区特点的抵押贷款监管政策。对农村土地经营权抵押贷款业务市场需求较大的地区，政府在建设基础设施提供政策支持和金融支持的基础上，减少行政干预，充分发挥市场的主导作用，不断提高涉农金融机构抵押贷款业务的服务效率。对农村土地经营权抵押贷款业务市场发育不完善、存在较大信贷风险的地区，政府应加大业务开展过程中的监管力度，做好规范化的顶层设计，积极引导农村土地经营权抵押贷款业务的规模化运营，提高金融机构应对业务风险的能力，推动抵押贷款业务良性发展。不同地区的金融监管部门要在差异化的监管政策下做好保障工作，积极引导地区金融市场开展符合当地特点的农村土地经营权抵押贷款业务。

二 积极推广并发展农村经济合作社

从农村土地利用现状来看，目前农业生产经营过程中以小规模农户为主，这在一定程度上增加了农户获得抵押贷款的难度，较难形成规模化的农业生产过程。因此，可以借鉴其他地区的做法，积极发展农村经济合作社，通过合作社实现组织内农户的联合贷款，提高农业经营主体的信用等级，有效降低金融机构对贷款申请的投入成本，从而增加农户抵押贷款的可得性。在农业经济发展过程中，农村经济合作社可以起到组织和引导作用，这对农村土地经营权流转具有重要作用。政府可以积极引导成立农村土地流转合作社，发挥其参与农村土地经营权抵押贷款过程中的市场流转、信息收集作用，通过对土地的统一管理向金融机构申请抵押贷款。通过农村经济合作社可以有效解决农村土地经营权价值评估和处置的难题，为农村土地金融市场的良性发展打下基础。

三 积极引导农村金融市场良性竞争

农村土地经营权抵押贷款业务是一项农村金融的创新，在政策红利下，金融机构会积极开展相关业务，在活跃的金融市场环境下，农村土地经营权抵押贷款业务能为金融机构带来较好的经济效益，也容易产生不良的市场竞争行为。因此，地方政府应在规范金融市场环境的基础上，鼓励涉农金融机构积极开展农村土地经营权抵押贷款业务，防止金融市场出现不良竞争，避免涉农金融机构出现业务创新不足、发展模式单一、服务质量无法提升等问题。地方政府应积极引导金融机构发展，做好金融市场基础设施建设，不断完善农村土地经营权抵押贷款业务中的金融政策机制，引导不同金融机构一起分担开展农村土地经营权抵押贷款业务的风险。通过对农村金融市场的适度干预，有效发挥金融市场主体参与的积极性和创新性，做好金融机构及信贷主体行为规范的制度建设，构建科学、公平、高效的农村金融市场秩序，提升农村金融市场的服务效率，促进农村金融市场良性发展。

第五节　健全农村土地经营权抵押贷款风险补偿和社会保障机制

农村金融政策不完善、信贷担保机制不健全、社会保障机制缺乏等会给不同参与主体带来较大的信贷风险。农村土地是农户重要的农业生产资源，在一定程度上会受到自然条件的影响而导致经营受挫，当农户进行农村土地经营权抵押贷款时，可能会导致其长期的土地权益被迫收走，在社会保障体系不完善、农民土地权益保障机制不健全的情况下，会导致农户无法正常进行农业生产经营，也无法保证其正常生活，进而带来严重的社会问题。对于金融机构而言，农业生产经营具有周期长、收益率低等特点，其承担着较大的放贷风险和收益风险。因此，需要加强农村地区的信用管理体系建设，健全农村土地经营权抵押贷款风险补偿和社会保障机制，从而保障农村土地经营权抵押贷款业务长远发展。

一　不断加强农村地区的信用管理体系建设

目前，吉林省农村地区并没有形成有效的信用管理体系，针对农户的信用评级工作尚未开展。在开展农村土地经营权抵押贷款业务时，农户的信用情况是金融机构考虑的重要因素，而农户信用评级的缺失必然会影响金融机构对贷款农户全面的信用考核，这无疑会增加金融机构的经营风险。农村土地经营权抵押贷款是以农村土地经营权作为抵押物的创新型金融产品，仅依靠土地经营权无法准确评估农户的信用情况，在目前农村土地经营权抵押贷款业务的探索阶段，金融机构缺乏相关经验，大多是采用传统的信用考核方法来对农户进行信用评估。因此，为了更好地开展农村土地经营权抵押贷款业务，需要加强农村土地信用管理体系建设，为业务的正常开展提供必要条件，降低金融机构审核贷款时的农户信用风险，不断提高金融机构的积极性。

吉林省在建设农村地区信用管理体系时，可以从三个方面入手。第一，建立农村地区信用管理系统，实现农村信用信息的共享。将各个涉农金融机构的信用管理系统进行整合，依靠中国人民银行信用体系，建立全省农村地区信用信息的共享平台，各地区的金融机构及时将农户信用情况上传至信用管理共享平台。第二，不断提高农户的信用意识。农村地区信息基础设施建设相对较弱，农民受教育程度普遍较低、信用意识不强，各地方政府应加强对农村地区特别是经济落后地区农户信用意识的培养，加大地区金融机构建立信用管理体系的宣传力度，逐渐引导农户形成信用意识。第三，在开展农村土地经营权抵押贷款业务过程中，金融机构可以将农户的信用评级和抵押贷款发放手续以及抵押贷款期限、额度进行有效的组合，加大对违约农户或不诚信行为的处罚力度，对信用较好、按时还款的农户给予一定的信用激励。

二　完善农村土地经营权抵押贷款风险补偿机制

目前，吉林省开展农村土地经营权抵押贷款业务的金融机构大多采用保守的经营策略，金融机构会选择较发放小额度的贷款，导致农户申请抵押贷款的金额受到很大限制，无法满足较大规模的农业生产经营活动需求。在发生抵押贷款违约行为时，仅依靠金融机构自身条件或金融监管层面的干预无法有效防范业务风险，因此，建立健全农村土地经营权抵押贷款的风险补偿机制就显得尤其重要。

现有金融体系中的风险补偿机制虽然在一定程度上分担了金融机构的损失风险，但没有从根本上解决贷款农户不按时还款的问题，于政府的风险补偿基金，也并不能有效分散贷款风险，同时还增加了政府的财政负担。因此，为了更好地发展农村土地经营权抵押贷款业务，应建立多层次的风险补偿与保障机制，同时建立政府、金融机构、农村合作组织、农户等多层次的风险共担机制。具体可以从以下几个方面来开展。第一，在开展农村土地经营权抵押贷款业务过程中，要求农户参加农业保险来降低农业生产经营中的风险，建立并完善由政府政策引导、地方财政提供补贴、农业保险提供保障、附加担保提供辅助的多层次风险防范机制，降低农村土地经营权抵押贷款业务的信贷风险。第二，鼓励并扶持成立地方性的涉农金融保险公司，在为农村土地经营权抵押贷款提供担保服务的同时，有效降低抵押贷款业务中的风险。第三，加强农业信用贷款与涉农保险的合作，不断创新与农村土地经营权抵押贷款业务相关的保险产品。

三　加强农村地区社会保障体系与机制建设

土地是农民的主要生产资料，是关系其生存的关键因素。目前农村地区的社会保障体系不够健全，农户对于参与土地经营权抵押贷款存在一定的心理压力，所以在开展农村土地经营抵押贷款业务过程中，涉农金融机构需要充分考虑农户赎回农村土地经营权的难易程度。为了保证农村土地经营权的顺利流转，增加农户参与农村土地经营权抵押贷款的信心，需要加强农村地区的社会保障体系与机制建设。

作为农业强省和农业大省，吉林的农村人口占有相当大的比例，而农村地区的社会保障体系建设需要地方政府经过长期的努力才能完成，为了有效提高农村土地经营权抵押贷款的运行效果，在加强农村地区社会保障体系建设过程中，可以从以下几个方面入手。第一，完善农村地区的低保制度，保障农民的基本生活。第二，大力推行新型农村养老保险制度，地方政府需要加大养老保险宣传力度，提高农民对保险制度的认知水平，同时做好养老保险回馈农民的保障工作，努力提高农户的养老保险参与度，做到养老保险制度惠及更多农民。第三，完善农村地区的医疗保险制度，扩大医疗保险的服务范围，为农民提供健康医疗保障，加大农村地区的医疗保险投入，以多种形式的医疗保险服务模式解决农民的后顾之忧。第四，有效整合城镇和农村的社会保障制度，实现农村剩余劳动力的转移，不断提高农户收入水平。

第六节　本章小结

在对吉林省农村土地经营权抵押贷款需求侧、供给侧运行效果以及各类影响因素进行分析的基础上，结合吉林省农村土地经营权抵押贷款业务运行中存在的问题，本章提出了提升吉林省农村土地经营权抵押贷款运行效果的具体政策建议与措施。主要包括：完善农村土地经营权抵押贷款相关法律法规；加快农村土地流转；构建土地经营权交易平台；以供给侧改革不断提高农户参与度和满意度；加大监管力度，引导农村金融市场良性发展；健全农村土地经营权抵押贷款风险补偿和社会保障机制。

第九章

研究结论与展望

第一节　研究结论

为了研究吉林省农村土地经营权抵押贷款业务的运行效果，进一步优化农村土地经营权抵押贷款的发展路径，本书从相关概念与理论入手，以土地产权理论、制度变迁理论、信贷担保理论、借贷行为理论、福利经济理论、金融资源效率理论、商业银行效率理论为基础，构建理论分析框架。通过实地调研，在对吉林省农村土地经营权抵押贷款试点运行现状及问题进行分析的基础上，从需求侧参与主体和供给侧参与主体的角度出发，利用统计数据开展吉林省农村土地经营权抵押贷款运行效果及影响因素的实证研究，总结吉林省农村土地经营权抵押贷款业务的优势与不足，提出提升吉林省农村土地经营权抵押贷款运行效果的建议与措施。本书的主要结论如下。

（1）农户对农村土地经营权抵押贷款业务的整体满意度较高，榆树市和梅河口市评价"满意"和"非常满意"的农户总占比分别为64.4%和83.3%，但业务的实际运行效果仍与农户预期存在一定的差距。从影响农户满意度的因素来看，抵押贷款流程、抵押贷款政策了解程度、农户参与抵押贷款意愿、抵押资金满足程度均对两个地区农户的满意度产生重要影响。影响榆树市农户满意度的主要因素包括农户土地经营面积、金融机构服务满意度，因此，当农户土地经营面积越大，对金融机构服务的满意度越高，榆树市农户对抵押贷款业务的满意度就越高。

（2）虽然农村土地经营权抵押贷款对农户收入增长具有一定的促进作用，但对农户福利水平的提升作用并没有达到政策预期。分析结果显示，梅河口市农户的平均家庭收入水平要高于榆树市，但榆树市农村土地经营权抵押贷款对农户增收的促进作用要大于梅河口市，同时两个地区的农村土地经营权抵押贷款对农户增收的促进作用都非常有限。从结果来看，抵押贷款业务对榆树市农户的家庭年收入、家庭农业收入有显著影响，对梅河口市农户的家庭非农收入有显著影响。

（3）榆树市 2016~2017 年金融机构抵押贷款业务的综合效率、规模效率有小幅下降，纯技术效率有小幅增长，存在一定的资源配置效率下降问题。从金融机构运营网点分析结果来看，榆树市大部分运营网点未达到有效状态，且有效状态下的运营网点呈减少趋势。分析认为，榆树市大部分金融机构运营网点的规模效率较高且较稳定，因此需要调整内部资源配置，合理控制抵押贷款业务投入成本，在提高纯技术效率的同时提升综合效率。梅河口市 2016~2017 年金融机构抵押贷款业务的综合效率、纯技术效率和规模效率均有小幅增长，银行客户经理参与抵押贷款业务的积极性也相对较高。但各金融机构运营网点的分析结果显示，2016~2017 年大部分运营网点并未达到有效状态，虽然呈有效状态的运营网点有增加趋势，但运营网点的运行效率并不乐观，因此金融机构有必要提高农村土地经营权抵押贷款业务的管理水平，进而提高综合效率。从影响因素来看，农村土地经营权抵押贷款占比对金融机构的运行效率具有显著正向影响，不良贷款率具有显著的负向影响。贷款额占比、农业人口密度对榆树市金融机构的规模效率影响较大，农业产值占比对榆树市金融机构的综合效率、纯技术效率影响较大。贷款额占比对梅河口市金融机构的综合运行效率影响较大，农业产值占比对梅河口市金融机构的纯技术效率影响较大。

（4）银行客户经理表现出较高的农村土地经营权抵押贷款业务办理意愿，他们普遍认为农村土地经营权抵押贷款业务有着较好的发展前景，但客观因素在一定程度上限制了业务的快速发展，银行客户经理对农村土地经营权抵押贷款运行效果的整体满意度较高，但认为业务仍存在需进一步提升的空间。从影响银行客户经理满意度的因素来看，抵押土地特征、金融机构及业务特征、地方金融环境特征对银行客户经理满意度产生重要影响。榆树市银行客户经理的整体满意度要略高于梅河口市。其中，抵押贷款办理手续复杂程度、风险评估机构与体系健全程度、抵押贷款业务前景、抵押贷款业务量、法律法规健全程度对榆树市的银行客户经理满意度具有显著影响，土地估值难易程度、风险评估机构与体系健全程度、担保体系健全程度、地方政府扶持政策、抵押贷款业务量、处置抵押土地的收益弥补贷款违约本息的程度、抵押贷款办理手续复杂程度、市场竞争压力对梅河口市的银行客户经理满意度具有显著影响。

本书提出了提升吉林省农村土地经营权抵押贷款运行效果的具体政策建议与措施。具体包括：完善农村土地经营权抵押贷款相关法律法规；加快农村土地流转；构建土地经营权交易平台；以供给侧改革不断提高农户参与度和满意度；加大监管力度，引导农村金融市场的良性发展；健全农村土地经营权抵押贷款风险补偿和社会保障机制。

第二节　研究不足与展望

作为一项创新型的农村金融产品，农村土地经营权抵押贷款业务在吉林省开展的试点时间仍然较短，受不同地区经济发展水平、金融政策制度及其他客观因素的影响，本书还无法对吉林省所有地区农村土地经营权抵押贷款业务的运行情况进行全面分析，有关提升农村土地经营权抵押贷款业务运行效果的政策建议是基于实地调研的情况而提出的，因此，有必要扩大研究区域，针对吉林省多个试点地区的业务开展情况进行研究与分析，这也为下一步的研究提供了思路和方向。

参考文献

1. Akerlof, G. , "The Market for 'Lemons': The Quality of Uncertainty and the Market Mechanism," *Quarterly Journal of Economics*, 1970, 84 (3): 488 – 500.

2. Alchian, A. A. , Demsetz, H. , "Production, Information Costs, and Economic Organization," *IEEE Engineering Management Review*, 1975, 3 (2): 21 – 41.

3. Ambrose, B. W. , Lacour-Little, M. , Sanders, A. B. , "Does Regulatory Capital Arbitrage, Reputation, or Asymmetric Information Drive Securitization?" *Journal of Financial Services Research*, 2005, 28 (1 – 3): 113 – 133.

4. Bell, Clive, "Reforming Property Rights in Land and Tenancy," *The World Bank Research Observer*, 1990, 5 (2): 143 – 166.

5. Besley, Timothy, "Property Rights and Investment Incentives: Theory and Evidence from Ghana," *Journal of Political Economy*, 1995, 103 (5), 903 – 937.

6. Besley, Ghatak, "Creating Collateral: The de soto Effect and the Political Economy of Legaleform," http://www2. lse. ac. uk/home. aspx, 2008.

7. Bose, P. , "Formal-Informal Sector Interaction in Rural Credit Markets,"

Journal of Development Economics, 1998, 56（2）: 265 – 280.

8. Boucher, S. R. , Barham, B. L. , Carter, M. R. , "The Impact of 'Market-Friendly' Reforms on Credit and Land Markets in Honduras and Nicaragua," *World Development*, 2005, 33（1）: 107 – 128.

9. Carter, M. R. , Olinto, P. , "Getting Institutions 'Right' for Whom? : Credit Constraints and the Impact of Property Rights on the Quantity and Composition of Investment," *American Journal of Agricultural Economics*, 2003, 85（1）: 173 – 186.

10. Conning, J. , Udry, C. , "Rural Financial Markets in Developing Coun-tries," *Handbook of Agricultural Economics Agricultural Production*, 2007, 3（8724）: 2857 – 2908.

11. Ding, C. , "Land Policy Reform in China: Assessment and Prospects," *Land Use Policy*, 2003, 20（2）: 109 – 120.

12. Djankov, S. , Mcliesh, C. , Shleifer A. , "Private Credit in 129 Coun-tries," *Journal of Financial Economics*, 2007, 84（2）: 299 – 329.

13. Erica Field, Meximo Torero, *Do Property Titles Increase Access to Cred-it? : Evidence from Peru*, United States: Harvard University Press, 2003.

14. Feder, G. , Feeny, D. , "Land Tenure and Property Rights: Theory and Implications for Development Policy," *World Bank Economic Review*, 1991, 5（1）: 135 – 153.

15. Feder, G. , Onchan, T. , Chalamwong, Y. , "Land Policies and Farm Performance in Thailand's Forest Reserve Areas," *Economic Development and Cultural Change*, 1988, 36（3）: 483 – 501.

16. Field, Torero, "Do Property Titles Increase Credit Access among the Ur-ban Poor? Evidence from a Nationwide Titling Program," Department of Economics, Harvard University, 2006: 24 – 25.

17. Galiani, S. , Schargrodsky, E. , "Land Property Rights and Resource

Allocation," *The Journal of Law and Economics*, 2011, 54 (S4): 17.

18. Hare, D. , "The Origins and Influence of Land Property Rights in Vietnam," *Development Policy Review*, 2010, 26 (3): 339 – 363.

19. Harold Demsetz, "Toward a Theory of Property Rights," *American Economic Review*, 1967, 57 (2): 347 – 359.

20. Hayes, J. , Zepeda, R. L. , "Tenure Security, Investment and Productivity in Gambian Agriculture: A Generalized Probit Analysis," *American Journal of Agricultural Economics*, 1997, 79 (2): 369 – 382.

21. Hernando de Soto, *The Mystery of Capital*, Basic Books, 2003.

22. Herring, R. J. , "From Structural Conflict to Agrarian Stalemate: Agrarian Reforms in South India," *Journal of Asian & African Studies*, 1991, 26 (3 – 4): 169 – 188.

23. Hoff, K. , Stiglitz, J. E. , "Money Lenders and Bankers: Price-Increasing Subsidies in a Monopolistically Competitive Market," *Journal of Development Economics*, 1998, 55 (2): 429 – 462.

24. Iqbal, F. , "The Demands for Funds by Agricultural Households: Evidence from Rural India," *Journal of Development Studies*, 1983, 20 (1): 68 – 86.

25. Khandker, S. R. , Faruqee, R. R. , "The Impact of Farm Credit in Pakistan," *Agricultural Economics*, 2003, 28 (3): 197 – 213.

26. Lockwood, L. J. , Rutherford, R. C. , Herrera, M. J. , "Wealth Effects of Asset Securitization," *Journal of Banking and Finance*, 1996, 20 (1): 1 – 164.

27. Menkhoff, L. , Neuberger, D. , Suwanaporn, C. , "Collateral-based Lending in Emerging Markets: Evidence from Thailand," *Journal of Banking & Finance*, 2006, 30 (1): 1 – 21.

28. Menkhoff, L. , Rungruxsirivorn, O. , "Do Village Funds Improve Access

to Finance? Evidence from Thailand," *World Development*, 2011, 39 (1): 110 - 122.

29. Michler, J. D., Shively, G. E., "Land Tenure, Tenure Security and Farm Efficiency: Panel Evidence from the Philippines," *Journal of Agricultural Economics*, 2015, 66 (1): 15.

30. Nelson, C., "Land-Use Rights in Mainland China: Problems and Recommendations for Improvement," *Journal of Real Estate Literature*, 1999 (7): 53 - 63.

31. North, D. C., Eicher, C. K., Staatz, J. M., "Economic Performance through Time," *American Economic Review*, 1994, 84 (3): 359 - 368.

32. Pender, J. L., Kerr, J. M., "The Effects of Land Sales Restrictions: Evidence from South India," *Agricultural Economics*, 1999, 21 (3): 279 - 294.

33. Phipps, T., "Discussion of Agricultural Land Values, Government Payments, and Production," *American Journal of Agricultural Economics*, 2003, 85 (3): 770 - 771.

34. Pitt, M. M., Khandker, S. R., "Credit Programmes for the Poor and Seasonality in Rural Bangladesh," *Journal of Development Studies*, 2002, 39 (2): 1 - 24.

35. Rafael La Porta, Florencio Lopez-De-Silanes, Andrei Shleifer, Robert W. Wishny, "Law and Finance," *The Journal of Political Economy*, 1998, 106 (6): 1113 - 1155.

36. Siamwalla, Ammar, et al., "The Thai Rural Credit System: Public Subsidies, Private Information, and Segmented Markets," *The World Bank Economic Review*, 1990, 4 (3): 271 - 295.

37. Toru Matsumura, "Preparing the Infomation Infrastructure for the Real Estate Securitization Market," NLI Research Institute, 2000 (143):

11 – 19.

38. Valentina Hartarska, Denis Nadolnyak, "An Import Analysis of Microfinance in Bosnia and Herzegovina," *World Development*, 2008, 36 (12): 2605 – 2619.

39. Van Dijk, T., Kopeva, D., "Land Banking and Central Europe: Future Relevance, Current Initiatives, Western European Past Experience," *Land Use Policy*, 2006, 23 (3): 286 – 301.

40. Wen, G. J., "The Land Tenure System and Its Saving and Investment Mechanism: The Case of Modern China," *Asian Economic Journal*, 1996, 10 (3): 233 – 260.

41. Wette, Hildegard, C., "Collateral in Credit Rationing in Markets with Imperfect Information: Note," *American Economic Review*, 1983, 73 (3): 442 – 445.

42. Wolfe, Simon, "Structural Effects of Asset-backed Securitization," *The European Journal of Finance*, 2000, 6 (4): 353 – 369.

43. Yao, Yang, "Institutional Arrangements, Tenure Insecurity and Agricultural Productivity in Post-reform Rural China," Working Paper, Department of Agricultural Economics, University of Wiscosin, Mardison, 1995.

44. 〔美〕马尔科姆·吉利斯等:《发展经济学》,李荣昌等译,经济科学出版社,1989。

45. 〔日〕关谷俊作:《日本的农地制度》,金洪云译,生活·读书·新知三联书店,2004。

46. 〔日〕早见雄次郎、〔美〕弗农·拉坦:《农业发展:国际前景》,吴伟东等译,商务印书馆,1993。

47. 安海燕、洪名勇:《农户和农业主体对土地承包经营权抵押贷款政策的态度》,《西北农林科技大学学报》(社会科学版)2016年第2期。

48. 白钦先：《白钦先经济金融文集》（第二版），中国金融出版社，1999。

49. 曹瓅：《农地经营权抵押融资试点效果研究》，博士学位论文，西北农林科技大学，2017。

50. 曹瓅、罗剑朝：《农村承包地经营权抵押贷款业务评价及影响因素——基于金融机构客户经理视角》，《财经科学》2015年第10期。

51. 曹瓅、罗剑朝：《农户对农地经营权抵押贷款响应及其影响因素——基于零膨胀负二项模型的微观实证分析》，《中国农村经济》2015年第12期。

52. 曹瓅、罗剑朝、房启明：《农户产权抵押借贷行为对家庭福利的影响——来自陕西宁夏1479户农户的微观数据》，《中南财经政法大学学报》2014年第5期。

53. 陈建新：《三种农户信贷技术的绩效比较研究》，《金融研究》2008年第6期。

54. 陈锡文：《当前农业和农村经济形势与三农面临的挑战》，《中国农村经济》2010年第1期。

55. 陈祥帅：《美国土地流转政策及其启示》，《合作经济与科技》2012年第11期。

56. 迟国泰、杨德、吴珊珊：《基于DEA方法的中国商业银行综合效率的研究》，《中国管理科学》2006年第5期。

57. 褚保金、卢亚娟、张龙耀：《信贷配给下农户借贷的福利效果分析》，《中国农村经济》2009年第6期。

58. 崔满红：《金融资源理论研究（一）：金融属性》，《城市金融论坛》1999年第4期。

59. 邓纲：《我国农村产权抵押融资制度改革的问题与前景——基于成都市相关新政的分析》，《农业经济问题》2010年第11期。

60. 丁关良：《农村土地承包经营权性质二元化之客观界定》，《经济问题》2007 年第 9 期。

61. 段永瑞、孙丽琴、赵金实:《基于数据包络分析的中国商业银行运作与服务质量效率评价》,《中国管理科学》2013 年第 1 期。

62. 高汗:《论农村土地金融制度的建立与发展》,《金融与经济》2005 年第 10 期。

63. 高圣平、刘萍:《农村金融制度中的信贷担保物:困境与出路》,《金融研究》2009 年第 2 期。

64. 高圣平、刘守英:《土地权利制度创新:从〈土地管理法〉修改的视角》,《经济社会体制比较》2010 年第 3 期。

65. 高伟:《积极构建农地抵押贷款制度》,《江苏农村经济》2007 年第 7 期。

66. 高勇:《农地经营权抵押融资影响因素的实证分析——基于农村基层信贷员的调查数据》,《金融理论与实践》2016 年第 6 期。

67. 古晓:《农村产权抵押贷款对农户的收入影响研究》,硕士学位论文,西北农林科技大学,2014。

68. 郭家虎、于爱芝:《土地承包经营权抵押制度创新的约束条件及破解》,《财政研究》2010 年第 5 期。

69. 韩俊:《中国农村金融调查》,上海远东出版社,2007。

70. 胡竹枝、黄怡聪、区凯瑶:《基于 DEA 模型的我国村镇银行效率研究》,《经济体制改革》2015 年第 2 期。

71. 黄惠春:《农村土地承包经营权抵押贷款可得性分析——基于江苏试点地区的经验证据》,《中国农村经济》2014 年第 3 期。

72. 黄惠春、李静:《农村抵押贷款创新产品的供给意愿:江苏例证》,《改革》2013 年第 9 期。

73. 黄祖辉、刘西川、程恩江:《贫困地区农户正规信贷市场低参与程度的经验解释》,《经济研究》2009 年第 4 期。

74. 惠献波:《农地经营权抵押贷款供需分析与效率评价研究》,博士学位论文，沈阳农业大学，2014。

75. 惠献波：《农户土地承包经营权抵押贷款潜在需求及其影响因素研究——基于河南省四个试点县的实证分析》，《农业经济问题》2013年第2期。

76. 纪永瑞、张欢：《农村金融资源配置效率分析》，《西部金融》2010年第9期。

77. 季秀平：《论土地承包经营权抵押制度的改革与完善》，《南京社会科学》2009年第2期。

78. 姜新旺：《农地金融制度应该缓行——对构建我国农地金融制度的思考》，《农业经济问题》2007年第6期。

79. 靳丰轩、王志彬、张雷刚等：《农户农地经营权抵押贷款意愿影响因素研究——以山东省沂水县为例》，《江苏农业科学》2012年第10期。

80. 兰庆高、惠献波、于丽红、王春平：《农村土地经营权抵押贷款意愿及其影响因素研究——基于农村信贷员的调查分析》，《农业经济问题》2013年第7期。

81. 黎翠梅：《农村土地承包经营权抵押贷款制度探讨》，《软科学》2008年第22期。

82. 黎翠梅：《土地资本化与农村土地保障制度的创新》，《财经论丛》2007年第1期。

83. 李爱喜：《农地抵押贷款制度构建与农村信用社业务拓展》，《农业经济问题》2005年第26期。

84. 李宏伟：《我国农村金融类型选择研究》，《金融发展评论》2010年第12期。

85. 李季刚、向琳：《基于DEA方法分析农村金融资源配置效率》，《财会月刊》2010年第21期。

86. 李庆海、李锐、汪三贵：《农户信贷配给及其福利损失——基于面板数据的分析》,《数量经济技术经济研究》2012 年第 8 期。

87. 李善民:《土地经营权抵押贷款中政府与金融机构的演化博弈分析》,《金融理论与实践》2015 年第 9 期。

88. 李韬、罗剑朝:《农户土地承包经营权抵押贷款的行为响应——基于 Poisson Hurdle 模型的微观经验考察》,《管理世界》2015 年第 7 期。

89. 李万超:《基于主成分分析法的我国农村金融资源配置效率研究》,《金融理论与实践》2014 年第 3 期。

90. 李延敏:《中国农户借贷行为研究》,人民出版社,2010。

91. 李志强、赵凯、李林:《以农村房屋产权抵押贷款带动农户宅基地流转以陕西杨凌示范区为例》,《广东农业科学》2011 年第 38 期。

92. 厉以宁:《论城乡二元体制改革》,《北京大学学报》(哲学社会科学版) 2008 年第 2 期。

93. 梁虎:《农村土地经营权抵押贷款效果综合评价研究》,硕士学位论文,西北农林科技大学,2018。

94. 梁虎、罗剑朝、曹瓅:《农地抵押贷款后农户融资满意度与忠诚性研究——基于业务模式、土地规模、收入水平及其交互作用》,《西安财经学院学报》2018 年第 31 期。

95. 梁虎、罗剑朝、张珩:《农地抵押贷款借贷行为对农户收入的影响——基于 PSM 模型的计量分析》,《农业技术经济》2017 年第 10 期。

96. 林乐芬、沈一妮:《异质性农户对农地抵押贷款的响应意愿及影响因素——基于东海试验区 2640 户农户的调查》,《财经科学》2015 年第 4 期。

97. 林乐芬、王步天:《农地经营权抵押贷款制度供给效果评价——基于农村金融改革试验区 418 名县乡村三级管理者的调查》,《经济学家》2015 年第 10 期。

98. 林乐芬、王步天:《农户农地经营权抵押贷款可获性及其影响因素——

基于农村金融改革试验区 2518 个农户样本》，《中国土地科学》2016 年第 20 期。

99. 林乐芬、王军：《农村金融机构开展农村土地金融的意愿及影响因素分析》，《农业经济问题》2011 年第 12 期。

100. 林乐芬、赵倩：《推进农村土地金融制度创新——基于农村土地承包经营权抵押贷款》，《学海》2009 年第 9 期。

101. 刘广明：《论农地融资功能强化及其制度构建》，《求实》2011 年第 2 期。

102. 刘贵珍：《推行农村土地承包经营权抵押贷款的建议》，《青海金融》2009 年第 11 期。

103. 刘贵珍：《推行农村土地承包经营权抵押贷款的可行性研究》，《金融理论与实践》2008 年第 10 期。

104. 刘璐筠、冯宗容：《推行农地承包经营权抵押贷款制度的制约因素及对策探析》，《经济体制改革》2010 年第 5 期。

105. 刘婷婷、刘钟钦、吴东立等：《农户土地承包经营权抵押意愿及其影响因素分析——基于 237 个样本农户的调查》，《农村经济》2013 年第 2 期。

106. 刘盈、申彩霞：《农村土地抵押融资需求调查及影响因素分析——以重庆市开县、忠县为例》，《安徽农业科学》2010 年第 28 期。

107. 卢洋啸：《吉林省土地经营权抵押贷款问题研究》，硕士学位论文，吉林农业大学，2017。

108. 鲁美辰：《土地承包经营权抵押贷款对农民收入的影响评价——基于 DID 模型分析》，《中外企业家》2013 年第 3 期。

109. 陆红、张倩倩、宋永杰：《农户土地承包经营权抵押融资意愿分析——基于江苏太仓市农户的调查》，《大连理工大学学报》2015 年第 4 期。

110. 吕磊：《家庭承包土地经营权抵押制度设立的必要性与可行性探

计》,《青年与社会》2013年第28期。

111. 吕益民:《论我国土地产权制度的改革》,《经济研究》1992年第12期。

112. 罗博文、梁虎、曹燕子:《土地经营权抵押贷款供给意愿影响因素实证研究——以宁夏平罗、同心两个试点地区主办金融机构客户经理问卷调查数据为例》,《西部金融》2017年第10期。

113. 罗剑朝:《中国农地金融制度研究》,中国农业出版社,2005。

114. 罗振军:《种粮大户借贷行为及其福利效果研究——以黑龙江省为例》,博士学位论文,沈阳农业大学,2017。

115. 马嘉鸿:《农村土地经营权抵押贷款绩效评价——基于辽宁省昌图县的调查》,硕士学位论文,沈阳农业大学,2016。

116. 聂强、张颖慧、罗剑朝:《中国农地金融制度方案设计》,《西北农林科技大学学报》(社会科学版)2003年第2期。

117. 牛荣、张珩、罗剑朝:《产权抵押贷款下的农户信贷约束分析》,《农业经济问题》2016年第1期。

118. 庞敏英、张生旭:《土地承包经营权抵押可行性探究》,《河北法学》2004年第22期。

119. 朴愚、顾卫俊:《绩效管理体系的设计与实施》,电子工业出版社,2006。

120. 施晓琳:《论以土地承包经营权抵押为特征的金融制度》,《南京农业大学学报》(社会科学版)2002年第3期。

121. 史卫民:《土地承包经营权抵押制度探析》,《经济体制改革》2009年第5期。

122. 宋丽萍:《土地承包经营权抵押贷款问题初探》,《农村经济》2010年第8期。

123. 孙丽丽、陈兴中、李富忠:《从完善土地承包经营权权能看农村土地承包经营权抵押》,《广东土地科学》2011年第4期。

124. 孙倩、王文莉：《农村信用社 DEA 效率评价投入产出指标选择研究》，《中国集体经济》2012 年第 6 期。

125. 谭渊：《都江堰市农村土地产权制度改革研究》，博士学位论文，四川农业大学，2013。

126. 童馨乐、褚保金、杨向阳：《社会资本对农户借贷行为影响的实证研究——基于八省 1003 个农户的调查数据》，《金融研究》2011 年第 12 期。

127. 万伟、郑小丽：《我国农房抵押融资障碍的破解及制度的构建》，《安徽农业科学》2011 年第 39 期。

128. 万文杰：《浅析农村土地产权制度改革中的地方政府角色定位》，博士学位论文，西南财经大学，2010。

129. 王广谦：《经济发展中金融的贡献与效率》，中国人民大学出版社，1997。

130. 王静、朱烨炜：《农户信贷配给下借贷福利效果分析》，《西北农林科技大学学报》（社会科学版）2015 年第 15 期。

131. 王磊玲：《陕西农村正规金融发展区域差异研究》，博士学位论文，西北农林科技大学，2012。

132. 王平、邱道持、李广东：《农村土地抵押调查》，《中国农学通报》2010 年第 26 期。

133. 王芹、罗剑朝：《新型农村金融机构农户满意度影响因素研究——以 473 户新型农村金融机构借款农户的数据为例》，《农村经济》2014 年第 8 期。

134. 王文军、吴擎宇：《土地承包经营权抵押开禁之辩》，《农业经济》2011 年第 3 期。

135. 王晓蒙：《我国农村地区借贷对农户收入影响的实证分析》，博士学位论文，西北农林科技大学，2017。

136. 王兴稳、纪月清：《农地产权、农地价值与农地抵押融资——基于

农村信贷员的调查研究》,《南京农业大学学报》(社会科学版)
2007 年第 4 期。

137. 王选庆:《中国农地金融制度管理创新研究》,《中国农村观察》
2003 年第 3 期。

138. 吴海涛、方蕾:《对杜蒙县农村土地承包经营权抵押贷款的调查与
思考》,《黑龙江金融》2010 年第 2 期。

139. 吴文杰:《论农村土地金融制度的建立与发展》,《农业经济问题》
1997 年第 3 期。

140. 吴晰蓉:《以农地抵押贷款助推现代农业发展》,《农村经济与科
技》2018 年第 29 期。

141. 伍振军、张云华:《土地经营权抵押贷款问题运行机制探析——宁
夏同心县土地抵押协会调查》,《渔业经济研究》2011 年第 1 期。

142. 武德朋:《宁夏平罗农村土地承包经营权抵押融资农户满意度影响
因素实证研究》,硕士学位论文,西北农林科技大学,2015。

143. 武翔宇:《关于促进农村土地经营权抵押贷款发展的若干建议》,
《农业经济》2010 年第 11 期。

144. 夏皓冰:《构建村集体土地所有制——我国农村土地产权制度的困
境与重构》,硕士学位论文,国防科学技术大学,2005。

145. 向红、曹跃群、何涛:《农村产权抵押融资的制约因素及路径选择——
以重庆为例》,《安徽农业科学》2011 年第 39 期。

146. 肖承发:《金融支持土地流转的制约因素》,《中国金融》2010 年
第 24 期。

147. 肖诗顺、高锋:《农村金融机构农户贷款模式研究——基于农村土
地产权的视角》,《农业经济问题》2010 年第 2 期。

148. 肖艳霞:《农村土地金融制度创新及政策建议》,《金融理论与实
践》2007 年第 7 期。

149. 徐佳璟:《西部地区农村金融内生型发展模式研究》,博士学位论

文，西北农林科技大学，2015。

150. 许崇正、高希武：《农村金融对增加农民收入支持状况的实证分析》，《金融研究》2005 年第 9 期。

151. 闫广宁：《对同心县农村信用联社开展土地承包经营权抵押贷款情况的调查与思考》，《西部金融》2008 年第 8 期。

152. 燕星辰、杜娜娜：《新型农村土地承包经营权抵押贷款模式探讨》，《西部财会》2011 年第 4 期。

153. 杨德勇：《金融效率论》，中国金融出版社，1999。

154. 杨涤：《金融资源配置论》，中国金融出版社，2011。

155. 杨柳：《农村土地承包经营权抵押初探》，《改革与开放》2010 年第 4 期。

156. 杨婷怡、罗剑朝：《农户参与农村产权抵押融资意愿及其影响因素实证分析——以陕西高陵县和宁夏同心县 919 个样本农户为例》，《中国农村经济》2014 年第 4 期。

157. 杨希、罗剑朝：《西部地区农村产权抵押融资政策效果评价——基于陕西、宁夏的农户数据》，《西北农林科技大学学报》（社会科学版）2015 年第 1 期。

158. 杨云：《林权抵押贷款运行机制及其绩效评价研究——基于福建的案例分析》，博士学位论文，福建农林大学，2010。

159. 姚自发：《农村土地承包经营权抵押贷款的可行性分析》，《农业与技术》2016 年第 1 期。

160. 庸晖：《农村土地承包经营权抵押融资对农户增收的有效性研究——以宁夏回族自治区同心县和平罗县为例》，硕士学位论文，西北农林科技大学，2015。

161. 于丽红、陈晋丽：《农村土地经营权抵押贷款的经验与启示：昌图县案例》，《农村经济》2014 年第 4 期。

162. 于丽红、兰庆高：《农村金融机构开展农地经营权抵押贷款的意愿——

基于辽宁省沈阳市的调查》,《农村经济》2013 年第 8 期。

163. 于琴:《西部地区农村产权抵押贷款对农户收入的影响研究》,博士学位论文,西北农林科技大学,2015。

164. 袁小博:《基于农户视角的西部地区农村产权抵押融资满意度的研究》,博士学位论文,西北农林科技大学,2015。

165. 曾庆芬:《产权改革背景下农村居民产权融资意愿的实证研究——以成都"试验区"为个案》,《中央财经大学学报》2010 年第 11 期。

166. 曾庆芬:《土地承包经营权流转新趋势下农地金融问题研究》,中国农业出版社,2011。

167. 曾维忠、蔡昕:《借贷需求视角下的农户林权抵押贷款意愿分析——基于四川省宜宾市 364 个农户的调查》,《农业经济问题》2011 年第 9 期。

168. 张长琦:《农地抵押贷款模式的比较分析》,《时代金融》2014 年第 7 期。

169. 张珩、罗剑朝、王佳楣:《农村合作金融机构运行效率测度及其影响因素实证研究——基于陕北 25 个县(区)的面板数据分析》,《金融经济学研究》2013 年第 4 期。

170. 张静:《建国以来农村土地产权制度变迁问题研究》,硕士学位论文,河南师范大学,2013。

171. 张俊平、许鸣雷、张欢:《金融资源配置效率分析视角的丝绸之路经济带甘肃黄金段建设——以定西市为例》,《西部金融》2014 年第 10 期。

172. 张龙耀、褚保金:《农村资产抵押化的前提与绩效:宁波样本》,《改革》2010 年第 11 期。

173. 张龙耀、王梦珺、刘俊杰:《农地产权制度改革对农村金融市场的影响——机制与微观证据》,《中国农村经济》2015 年第 12 期。

174. 张庆君：《关于农村金融创新中土地抵押贷款模式的思考——基于辽宁省法库县农村金融创新试点的实证观察》，《农业经济》2010年第 11 期。

175. 张文律：《农村产权抵押融资的制度经济学分析》，《西北农林科技大学学报》（社会科学版）2012 年第 12 期。

176. 赵雯、罗剑朝、刘浩、王佳楣：《农户对新型农村金融机构贷款意愿及其影响因素分析——基于不同收入水平和兼业类型农户的 Logit 估计》，《农村经济》2013 年第 5 期。

177. 中共中央马克思恩格斯列宁斯大林著作编译局：《马克思恩格斯选集》，人民出版社，2012。

178. 中国人民银行农村金融服务研究小组：《中国农村金融服务报告》，中国金融出版社，2008。

179. 周国富、胡慧敏：《金融效率评价指标体系研究》，《金融理论与实践》2007 年第 18 期。

180. 左平良、余光辉：《土地承包经营权抵押与农村金融担保制度创新》，《学术论坛》2005 年第 8 期。

附 录

附录 A 农户使用农村土地经营权抵押贷款及满意度调查表

感谢您参与本次调研，本次调研的目的在于了解农户对于农村土地经营权抵押贷款的使用情况及效果，同时，对于未使用贷款的农户的需求情况进行相关的了解。本次调研涉及您的个人信息不会对外泄露，请您放心填写。

调查地点：吉林省_____市县（区）_____乡（镇）_____村

被调查人姓名：_____ 性别：_____ 联系方式：_____

一 农户基本情况

1. 家庭人口（　　）人，主要劳动力（　　）人，进城务工（　　）人

2. 您是否有承包的土地或者种植土地？（　　）

A. 是　　　　　　　　　　　　B. 否

3. 您的自有土地或种植土地有（　　）亩，您的转入土地或种植土地有（　　）亩

A. 5 亩以下　　　　　B. 5 ~ 10 亩　　　　　C. 11 ~ 20 亩

D. 20 亩以上

4. 户主年龄（　　　）

A. 30 岁以下　　　　　B. 31 ~ 40 岁　　　　　C. 41 ~ 50 岁

D. 51 ~ 60 岁　　　　　E. 60 岁以上

5. 户主受教育程度（　　　）

A. 小学以下　　　　　B. 小学　　　　　C. 初中

D. 高中　　　　　E. 大学及以上

6. 家庭成员的最高受教育程度为（　　　）

A. 小学以下　　　　　B. 小学　　　　　C. 初中

D. 高中　　　　　E. 大学及以上

F. 如果读过大学，专业是＿＿＿＿＿＿

7. 户主及家庭成员有过何种社会经历（　　　）

A. 村干部或大学生村官　　　　　B. 退伍军人

C. 有过进城务工经历　　　　　D. 有过经商经历

E. 其他

8. 家庭收入组成中粮食作物销售收入有（　　　），经济类作物销售收入有（　　　），养殖类销售收入有（　　　），务工收入有（　　　），其他收入有（　　　）

A. 1 万元以下　　　　　B. 1 万 ~ 3 万元　　　　　C. 3 万 ~ 5 万元

D. 5 万 ~ 10 万元　　　　　E. 10 万元以上

9. 家庭支出组成中农业生产投资有（　　　），生活支出有（　　　），子女教育费用有（　　　），非农投资有（　　　），人情费用有（　　　），其他占（　　　）

A. 1 万元以下　　　　　B. 1 万 ~ 3 万元　　　　　C. 3 万 ~ 5 万元

D. 5 万 ~ 10 万元　　　　　E. 10 万元以上

10. 家中牲畜有：牛（　　　）头，羊（　　　）只，马（　　　）匹，驴或骡子（　　　）头，鸡（　　　）只，鸭（　　　）只，鹅（　　　）只。

11. 家中有何自有资产（　　　）

A. 房屋　　　　　　　B. 合作股金　　　　C. 厂房（土地）

D. 机器设备（车辆）E. 存款

12. 家中自有资产大概估值（　　　）

A. 2 万元以下　　　　B. 2 万 ~ 5 万元　　　C. 5 万 ~ 10 万元

D. 10 万 ~ 20 万元　　E. 20 万 ~ 30 万元　　F. 30 万元以上

13. 最近三年是否有银行负债？（　　　）

A. 有　　　　　　　　　　　　　　B. 无

14. 最近三年是否有非银行负债？（　　　）

A. 有　　　　　　　　　　　　　　B. 无

15. 负债总额（　　　）万元，负债原因（　　　）

A. 购买生产资料　　B. 子女教育成本　　C. 投资失败

D. 偿还到期贷款　　E. 其他

16. 家里有老人吗？老人身体健康吗？自费医疗支出有多少？

二　农户需求及使用贷款情况

1. 您家在 2015 ~ 2017 年生产生活资金是否短缺？（　　　）

A. 资金充裕，无短缺　　　　　　B. 较充裕，正好

C. 一般紧张　　　　　　　　　　D. 比较紧张

E. 很紧张

2. 您如果有短款，那短款的用途是（　　　）（多选）

A. 购买农业生产资料　　　　　　B. 进行投资

C. 支付子女教育费用　　　　　　D. 偿还往期所欠贷款

E. 其他用途

3. 您进行借款时，选择的使用年限为（　　　）

A. 3 个月以内　　　　B. 4~6 个月　　　　C. 1 年

D. 1~3 年　　　　　E. 3~5 年

4. 10. 您家 2015~2017 年是否买过财产保险，如玉米保险、养殖业保险？（　　　）

A. 是　　　　　　　　　　　　B. 否

5. 您出现资金短缺，能想到的解决途径有哪些？（　　　）（多选）

A. 银行贷款　　　　B. 向亲友借款　　　　C. 高利贷

D. 农村信用社　　　E. 不借款

6. 您不去银行或者信用社借款的原因是（　　　）

A. 我不需要贷款　　　　　　　B. 申请也得不到

C. 利息太高　　　　　　　　　D. 太麻烦，审批时间长

E. 借了担心还不了　　　　　　F. 从亲友处可以获得借款

G. 有其他渠道的贷款　　　　　H. 没有存折可供抵押

I. 手续费高　　　　　　　　　J. 需要请客送礼

K. 其他，请说明_____

7. 您跟银行贷过款吗？（　　　）

A. 是　　　　　　　　　　　　B. 否

8. 使用贷款的主要用途是（　　　）（多选）

A. 购买农业生产资料　　　　　B. 进行投资

C. 支付子女教育费用　　　　　D. 偿还往期所欠贷款

E. 婚庆费用　　　　　　　　　F. 购置房产

G. 其他

9. 您跟银行申请过几次贷款？被拒绝过几次？请说明_____

_____

10. 您家申请贷款被银行拒绝原因是（　　　）（多选）

A. 无抵押品　　　　　　　　　B. 无人担保

C. 与信贷员不熟悉　　　　　　　D. 自身经营规模小收入低

E. 信用等级低（无信用证）　　　F. 过去没有及时还贷款

G. 担保人不符合要求

11. 如果您选择申请贷款，也得不到，原因是（　　　）

A. 有农村信用社的贷款没有还

B. 与信贷员不熟

C. 信贷员认为我家穷，可能还不了款

D. 不是农村信用合作社社员

E. 没有抵押品

F. 确实没有还款能力

G. 没人为我担保

H. 其他

12. 您认为向亲友借款或者借高利贷，与向银行或者农村信用社借款相比，优势是（　　　）（多选）

A. 借款手续便捷　　　　　　　　B. 能够立刻拿到钱

C. 金额没有限制　　　　　　　　D. 不限制借款用途

E. 不需要担保人或抵押物　　　　F. 其他

三　农户对农村土地经营权抵押贷款的满意度情况

您家有＿＿＿＿＿亩地，目前耕种＿＿＿＿＿亩，转入＿＿＿＿＿亩，转出＿＿＿＿＿亩，流转价格＿＿＿＿＿元/亩，这个流转价格是怎么确定的？

_____

1. 您是否了解农村土地经营权抵押贷款相关信息，例如补助及优惠等？（　　　）

A. 知道，且清楚　　　　　　　　B. 知道，不完全了解

C. 知道一些　　　　　　　　　　D. 不了解

E. 完全不知道

2. 是否有专人宣传农村土地经营权抵押贷款相关信息？（　　　）

A. 有　　　　　　　　　　　　　　B. 可能有，但是我不知道

C. 没有

3. 您选择借款时，是否会选择农地经营权抵押贷款？（　　　）

A. 是

B. 否（选择否，请回答第 7 题）

4. 如果选择农村土地经营权抵押贷款，需要的金额是（　　　）

A. 1 万元以下　　　　B. 1 万 ~ 3 万元　　　C. 3 万 ~ 5 万元

D. 5 万 ~ 10 万元　　　E. 10 万 ~ 30 万元　　F. 30 万元以上

5. 如果您选择农村土地经营权抵押贷款，您希望的还款年限是

（　　　）

A. 3 个月以内　　　　B. 4 ~ 6 个月　　　　　C. 1 年

D. 1 ~ 3 年　　　　　E. 3 ~ 5 年

6. 您对农村土地经营权抵押贷款的总体满意程度是（　　　）

A. 非常满意

B. 比较满意

C. 无所谓

D. 比较不满意

E. 非常不满意（选择此选项，请回答下面带 * 的问题）

【* 如果您选择对农村土地经营权抵押贷款非常不满意，原因是

（　　　）

A. 贷款手续太麻烦　　　　　　　　B. 贷款利率太高

C. 可贷数额太低　　　　　　　　　D. 还款周期太短

E. 土地折扣率不合理　　　　　　　F. 其他原因】

7. 如果您不选择农村土地经营权抵押贷款，原因是（　　　）（多
选）

A. 不了解相关政策

B. 手中没有多少可以用来抵押的土地

C. 怕将来还不上贷款失去生活保障

D. 可以贷款金额太小，不能满足需要

E. 贷款利率太高

F. 还款周期太短

G. 没有担保人

H. 其他原因

8. 您觉得农村土地经营权抵押贷款便捷程度（　　　）

A. 很方便　　　　B. 一般方便　　　　C. 不方便

D. 很麻烦　　　　E. 根本借不到

9. 您觉得农村土地经营权抵押贷款审批的规范程度（　　　）

A. 很规范　　　　B. 一般规范　　　　C. 不规范

D. 十分不规范，漏洞百出

10. 您觉得农村土地经营权抵押贷款审批贷款的时间（　　　）

A. 很快　　　　B. 一般速度　　　　C. 比较慢

D. 很慢　　　　E. 慢得不行

11. 您觉得农村土地经营权抵押贷款满足您需要的程度（　　　）

A. 很满足　　　　B. 恰好满足　　　　C. 稍不够

D. 很不够　　　　E. 完全不够

12. 您对银行或者农村信用社贷款办事人员的工作态度满意程度
（　　　）

A. 非常满意

B. 比较满意

C. 一般

D. 比较不满意

E. 非常不满意（选择此选项，请回答下面带＊的问题）

【*您对农村土地经营权抵押贷款办事人员的工作态度非常不满意，原因是（　　）

A. 对提供农村土地经营权抵押贷款缺乏积极性

B. 故意隐瞒国家相关政策，不履行告知义务

C. 需要靠请客送礼才可以取得贷款

D. 其他原因】

13. 在使用转入的土地时，土地租金是多长时间一付？（　　）

A. 月付　　　　　　B. 季付　　　　　　C. 年付

D. 一次性付

14. 您觉得这个租金价格高吗？（　　）

A. 很高　　　　　　B. 比较高　　　　　　C. 可以接受

D. 比较低　　　　　　E. 很低

15. 当地有土地流转市场吗？（　　）

A. 有　　　　　　　　　　　　B. 没有

16. 您想要流转土地的话是否去这个市场？（　　）

A. 是　　　　　　　　　　　　B. 否

17. 您是否听说谁通过这个市场流转土地了吗？（　　）

A. 是　　　　　　　　　　　　B. 否

18. 您村上一个村民土地抵押后不能按时还款，银行要把土地流转出去，如果恰好你想转入土地，你会考虑转入这个村民的土地吗？（　　）

A. 会　　　　　　　　　　　　B. 不会

19. 如果不会，原因是？请说明_____

_____

20. 银行对您的土地评估价格为_____元/亩，抵押率为（　　）

A. 50%　　　　　　B. 60%　　　　　　C. 70%

21. 您认为这个抵押率是否合理？（　　）

A. 是　　　　　　　　　　　　B. 否

22. 您为办理这笔贷款花了什么费用？

_____

23. 贷款的利率让您觉得还款压力大吗？（   ）

A. 压力很大　　　　　　　　　B. 可以轻松还款

24. 对于还款的安排让您觉得压力大吗？（   ）

A. 压力很大　　　　　　　　　B. 可以轻松还款

25. 如果您违约了，真的愿意短期放弃土地经营权吗？（   ）

A. 是　　　　　　　　　　　　B. 否

26. 您对于目前拥有的土地经营权价值完全了解吗？（   ）

A. 很清楚　　　　　　　　　　B. 不是很清楚

27. 您认为银行手中的土地经营权容易转手卖出去吗？（   ）

A. 很容易　　　　B. 比较容易　　　　C. 不容易

D. 很难　　　　　E. 特别难

28. 您发生资金需要时，是否会再次使用农村土地经营权抵押贷款？（   ）

A. 会　　　　　　　　　　　　B. 不会

附录 B 农村土地经营权抵押贷款供给效果调查表

感谢您参与本次调研，本次调研的目的在于对农村土地经营权抵押贷款供给效果情况进行相关的了解。本次调研涉及您的个人信息不会对外泄露，请您放心填写。

您所在的机构名称：_____

您的姓名：_____您的联系方式：_____

您所在的岗位：_____

一 农村土地经营权抵押贷款办理程序

1. 您觉得农村土地经营权抵押贷款材料的提交审核简便程度（　　　）

A. 很简便

B. 比较简便

C. 一般

D. 比较不简便

E. 很麻烦（选择此选项，请回答下面带＊的问题）

【＊您认为农村土地经营权抵押贷款材料的提交审核过程很麻烦，主要体现在（　　　）（可多选）

A. 需要的证明文件太多　　　　　　B. 涉及的审批部门太多

C. 等待审批的时间太长　　　　　　D. 其他原因】

2. 您认为银行与地方政府机构的配合水平（　　　）

A. 很默契

B. 比较好

C. 一般

D. 比较差（选择此选项，请回答下面带＊的问题）

E. 完全没默契

【＊您认为银行与地方政府机构配合水平比较差的原因是（　　　）（可多选）

A. 政策的宣传与执行不一致

B. 政策制定与农村当地情况不符，导致银行没办法执行

C. 政策的执行成本过高，银行不愿执行

D. 其他原因】

3. 您认为农交所与地方政府机构配合水平（　　　）

A. 很默契

B. 比较好

C. 一般

D. 比较差（选择此选项，请回答下面带＊的问题）

E. 完全没默契

【＊您认为农交所与地方政府机构配合水平比较差的原因（　　　）（可多选）

A. 土地确权工作做得不到位，导致农交所业务无法正常开展

B. 政府规定与农交所实际业务存在差距，导致农交所没办法正常运转

C. 政策的执行成本过高，农交所执行起来有困难

D. 其他原因】

4. 您认为银行和农信社的分支机构网点数量、位置设置的合理性（　　　）

A. 很合理　　　　B. 比较合理　　　　C. 一般

D. 比较不合理　　　　E. 很不合理

5. 您认为农村土地经营权抵押贷款的办理速度（　　　）

A. 很快　　　　B. 比较快　　　　C. 一般

D. 比较慢　　　　E. 很慢

6. 您认为银行和农信社工作人员的服务水平（　　　）

A. 很高　　　　B. 比较高　　　　C. 一般

D. 比较低　　　　　E. 很低

7. 您认为凭证的管理规范程度（　　）

A. 很规范　　　　B. 比较规范　　　　C. 一般

D. 比较不规范　　E. 不规范

8. 您认为农村土地经营权抵押贷款手续、评估费用设置合理性
（　　）

A. 很合理　　　　B. 比较合理　　　　C. 一般

D. 比较不合理　　E. 很不合理

二　风险控制

1. 您认为政府机构对于农村土地经营权抵押贷款协助监控水平
（　　）

A. 很高　　　　　B. 比较高　　　　　C. 一般

D. 比较低　　　　E. 很低

2. 您认为银行对于农村土地经营权抵押贷款抵押人资信审核水平
（　　）

A. 很高　　　　　B. 比较高　　　　　C. 一般

D. 比较低　　　　E. 很低

3. 您认为农交所对农村土地经营权抵押贷款抵押物资信审核水平
（　　）

A. 很高　　　　　B. 比较高　　　　　C. 一般

D. 比较低　　　　E. 很低

4. 您认为农村土地价值评估水平（　　）

A. 很高　　　　　B. 比较高　　　　　C. 一般

D. 比较低　　　　E. 很低

5. 您认为农村土地权属清晰程度（　　）

A. 很清晰　　　　B. 比较清晰　　　　C. 一般

D. 比较不清晰　　　E. 不清晰

6. 您认为农村土地经营权抵押贷款发放后监管水平（　　）

A. 很高　　　　　　B. 比较高　　　　　　C. 一般

D. 比较低　　　　　E. 很低

7. 您认为银行或者农信社在违约后追回贷款的能力（　　）

A. 很强　　　　　　B. 比较强　　　　　　C. 一般

D. 比较弱　　　　　E. 很弱

8. 您认为银行和农信社在违约无法追回贷款损失的补偿能力（　　）

A. 很强　　　　　　B. 比较强　　　　　　C. 一般

D. 比较弱　　　　　E. 很弱（选择此选项，请回答下面带 * 的问题）

【 * 您认为银行和农信社在违约无法追回贷款损失的补偿能力很弱的原因是（　　）（可多选）

A. 资金收益无法覆盖运营成本，导致长期负债经营

B. 抵押物再流转出现障碍，无法及时变现，导致资金链存续不上

C. 国家政策限制资金用途，造成盈利下降，不能补偿贷款损失

D. 其他原因】

9. 您认为农村土地经营权抵押贷款逾期，作为抵押物的农地再转让是否通畅？（　　）

A. 是

B. 否（选择此选项，请回答下面带 * 的问题）

【 * 您认为农村土地经营权抵押贷款逾期，作为抵押物的农村土地再转让不通畅的原因（　　）

A. 市场机制不健全，再流转渠道太少

B. 再流转土地用途收政策限制，对投资者缺乏吸引力

C. 再流转执行力度不够，导致土地流转不出去

D. 其他原因】

三 农村土地经营权抵押贷款产品设计以及政策效果

1. 您认为农村土地经营权抵押贷款期限设计的合理性（　　　）

A. 很合理　　　　　　B. 比较合理　　　　　　C. 一般

D. 比较不合理　　　E. 很不合理

2. 您认为农村土地经营权抵押贷款抵押物折扣率设计合理性（　　　）

A. 很合理　　　　　　B. 比较合理　　　　　　C. 一般

D. 比较不合理　　　E. 很不合理

3. 您认为农村土地经营权抵押贷款满足农民生产资金需求水平（　　　）

A. 很高　　　　　　　B. 比较高　　　　　　　C. 一般

D. 比较低　　　　　E. 很低

4. 您认为农村土地经营权抵押贷款还款方式合理性（　　　）

A. 很合理　　　　　　B. 比较合理　　　　　　C. 一般

D. 比较不合理　　　E. 很不合理

5. 您认为政府对现行的农村土地产权抵押贷款的扶持力度（　　　）

A. 很大　　　　　　　B. 比较大　　　　　　　C. 一般

D. 比较小　　　　　E. 很小

6. 您认为地方政府政策与国家法律协调水平（　　　）

A. 很高　　　　　　　B. 比较高　　　　　　　C. 一般

D. 比较低　　　　　E. 很低

7. 您认为农村土地经营权抵押贷款对解决当地农民融资难的效果（　　　）

A. 很好　　　　　　　B. 比较好　　　　　　　C. 一般

D. 比较差　　　　　E. 很差

8. 您认为农村土地经营权抵押贷款对带动当地规模农业发展的作用（　　　）

A. 很大　　　　B. 比较大　　　　C. 一般

D. 比较小　　　　E. 很小

9. 您认为农村土地经营权抵押贷款对健全现行农村金融体系的效果（　　）

A. 很大　　　　B. 比较大　　　　C. 一般

D. 比较小　　　　E. 很小

致 谢

转眼间，6 年的博士学习告一段落，虽然结果不尽如我意，但毕竟是结束了。人生中的这场旅行，以焦虑开始，以焦虑告终。在此期间的人生百味，也许只有深陷其中的人才能体会。此时此刻，本书的出版为我的博士学习画上了句号，所以是值得庆贺的。故而，也要感谢很多人。

于公，本书由吉林财经大学资助出版，要感谢吉林财经大学对我的培养和支持。

于私，要感谢我的恩师吉林农业大学经管学院的范静教授，这 6 年中没少给恩师添麻烦，同时学到很多东西，恩师为人诚恳，治学严谨，是我一生学习的榜样。要感谢我的家人，尤其是我的妻子，为了让我能够完成学业，主动承担家庭的重担，使我能够全身心投入博士的学习中，做到心无旁骛；也要感谢吉林财经大学国际经济贸易学院的领导和各位同事，在我读博期间给我关爱和帮助，使我工作之余所有的闲暇时间都可以用于完成博士学业；还要感谢同门对我的帮助，我们共同开展研究的辛苦与喜悦历历在目，我们就像兄弟姐妹一样。

最后，谨以此书献给过世的父亲以及成长中的两个孩子，希望我没有让他们失望。

2020 年 6 月 17 日于吉林长春

图书在版编目(CIP)数据

农村土地经营权抵押贷款运行效果研究:以吉林省
为例 / 李可著. -- 北京:社会科学文献出版社,
2020.8
　ISBN 978 - 7 - 5201 - 6962 - 2

　Ⅰ.①农…　Ⅱ.①李…　Ⅲ.①农业用地 - 土地产权 -
抵押贷款 - 研究 - 吉林　Ⅳ.①F832.43

　中国版本图书馆 CIP 数据核字(2020)第 133259 号

农村土地经营权抵押贷款运行效果研究
——以吉林省为例

著　　者 / 李　可

出 版 人 / 谢寿光
组稿编辑 / 恽　薇
责任编辑 / 颜林柯

出　　版 / 社会科学文献出版社·经济与管理分社 (010)59367226
　　　　　　地址:北京市北三环中路甲 29 号院华龙大厦　邮编:100029
　　　　　　网址:www.ssap.com.cn
发　　行 / 市场营销中心 (010)59367081　59367083
印　　装 / 三河市尚艺印装有限公司

规　　格 / 开　本:787mm × 1092mm　1/16
　　　　　　印　张:12.25　字　数:170 千字
版　　次 / 2020 年 8 月第 1 版　2020 年 8 月第 1 次印刷
书　　号 / ISBN 978 - 7 - 5201 - 6962 - 2
定　　价 / 89.00 元